소설독본

소설독본 小説讀本

미시마 유키오

손정임 · 강방화 옮김

문예

일러두기
- 이 책은 『결정판 미시마 유키오 전집』(新潮社)을 토대로 미시마 유키오의 소설론, 창작방법론을 독자적으로 구성한 『小説讀本』(東京: 中央公論新社, 2010)을 완역한 것이다.
- 원문에서 방점으로 강조된 글자는 고딕체로 표시했다.
- 주는 모두 옮긴이의 주이다.

차례

작가에 뜻을 둔 사람을 위해 • 7

1
소설이란 무엇인가 • 15

2
나의 소설 쓰기 • 119
나의 창작 방법 • 135

소설의 기교에 대해 • 145
매우 짧은 소설의 효용 • 153

법률과 문학 • 160
나의 소설 작법 • 163
법대 출신과 소설 • 167
법률과 떡 굽기 • 172

3

나의 문학 • 179

자기 개조의 시도 • 184

'우리'로부터의 도주 • 194

발표 지면 • 209

작품 해설 혼돈을 질서화하는 기술—히라노 게이치로 • 211

옮긴이의 말 • 221

편집 후기 • 225

작가에 뜻을 둔 사람을 위해

 소설가는 되고 싶다고 되는 게 아니다. 대개 나중에 생각해보니 스스로도 어쩔 수 없이 되어 있는 경우가 많다. 고등학생 때는 소설가나 예술가를 막연히 동경하지만, 그저 아름답게만 생각되던 작가나 예술가에 대한 개념만으로는 진정한 문학이 나오지 않는다는 사실을 나중에 알게 된다. 토마스 만이 자주 언급하는 예술가의 정의를 잘 읽어보면 여러분도 알 수 있을 것이다.

 왜 자신이 작가가 되어야 하는지 시험해보기 위한 가장 좋은 방법은 작품 이외의 여러 실생활 분야에서 활동해보는 것이다. 그 결과 자신이 어느 분야에도 맞지 않는다는 사실을 확인한 후에 작가가 되어도 늦지 않다.

어떤 면에서 보면, 아무리 실생활 분야에서 두들겨 맞고 단련되어도 절대로 더럽혀지지 않는 하나의 보물, 그것이 작가의 본능, 즉 시인의 본능이라 불리는 것이다.

애초에 더럽혀지는 순결함은 진정한 순결함이 아니다. 그래서 여러분이 만일 작가가 되고 예술가가 되려고 한다면, 나는 오히려 여러분이 억지로라도 실생활에 나가는 게 장래에 작가가 되기 위해서도 필요하다고 생각한다.

프랑스의 소설가 플로베르G. Flaubert 역시 법률을 전공했다. 대체로 외국에서는 소설가나 시인 중에도 법률, 경제 등을 전공한 사람이 상당히 많다. 플로베르는 "나중에 돌이켜보니, 내가 학창 시절에 좀 더 성실하게 법률을 공부할 만한 강한 정신력을 가졌더라면, 나의 문학에 보탬이 됐을 것이다"라고 했다. 소설가는 우선 명석한 머리를 만드는 것이 가장 중요하고, 흐트러짐 없이 정확하고, 쓸데없이 추상적이지 않은, 탄탄한 실생활의 뒷받침이 있어야 한다. 모든 것이 다 슬프고, 사물을 감상적으로만 본다면 소설가로서도 취약하다.

그런데 일본에서 작가가 실생활의 뒷받침을 확보하기란 실제로는 상당히 어렵다. 우선 외국을 예로 들면 외교관 겸 시인이자 소설가로 폴 클로델, 폴 모랑, 장 지로두가 있고, 더 전형적인 예로는 바이마르 공국의 총리를 지낸 괴테가 있다.

또 최근 영국에는 귀족 신분을 버리고 탄광 인부가 되어,

이름 없는 작가로서 완전히 익명으로 소설을 발표해 상당히 인정받고 있는 신진 작가도 있다고 한다. 특히 현대 프랑스 작가 중에는 실생활 경험을 거치지 않고 작가가 된 사람이 오히려 적을 정도다. 그런데 일본에는 모리 오가이* 이외에는 그런 작가가 거의 없다. 그 이유 중 하나는 일본의 직업구조에서는 개인 생활의 자유가 존중되지 않고, 개인 생활 전체가 직업적으로 속박당하기 때문이고, 또 다른 측면으로는 일본인이 체력과 에너지가 부족해서일 수도 있다. 모리 오가이처럼 놀라울 정도로 적은 수면 시간으로 바쁜 군대 업무와 문학 생활을 양립시키는 사례가 아무 일본인들에게나 적용되는 게 아니다. 내 경험으로도 관청 근무를 마치고 와서 밤에 소설을 쓰려면 엄청나게 체력이 소모되어 둘 다 제대로 할 수 없는 한계를 느꼈다.

이렇게 일본 특유의 여러 제약이 있는 상황에서도 여전히 내가 작가 지망생들에게 실생활로 나가기를 권하는 이유가 있는데, 양립시키기 어려운 생활을 양립시키려고 끝까지 노력하면 설령 그것이 실패로 끝나더라도 소설가로서 의지력을 단련시키고, 또 예술과 생활 사이의 어려운 문제를 최대한 맛보기 위해 결코 헛된 일이 아니라고 생각하기 때문이다.

---

* 森鷗外. 일본의 소설가, 번역가, 군의관.

일본에서 작가로 사는 것은 결코 어떤 사람들이 동경하듯 즐겁지도 풍요롭지도 않다. 소설가는 마라톤 선수처럼 체력을 최고도로 소모하는데, 휴식도 주어지지 않고, 또 느긋하게 책을 읽고 공부하는 시간도 충분히 주어지지 않은 채, 예술가에게 가장 중요한 '멍하니 아무것도 하지 않아도 되는 시간'이 전혀 없이, 마치 식탐 많은 아이가 엄마가 집에 안 계실 때 부엌 선반 구석구석까지 과자를 찾아다니듯, 자신의 내부에서 퍼낼 수 있는 모든 것을 그러모아 소설을 만들어 내야 한다.

작가는 끊임없이 자신을 소모해야 하는 데다가 일본의 독특한 발표 시스템의 폐해도 한몫을 해서, 외국 작가처럼 한 작품 한 작품 자신을 성장시키며 쌓아 올리기가 어렵다.

그런 상황에서 어떻게 좋은 작품을 쓸 수 있는지는 오히려 그저 우연에 달려 있는 것 같다. 오랜 준비와 면밀한 조사를 거쳐 세워진 큰 건축물 같은 소설이 나오기 어려운 것도 이 때문이다. 만일 앞으로 작가가 되려는 사람은 이렇듯 다양한 제약을 통과하며 그것과 싸우면서 자기의 문학을 키우는 괴롭고 힘든 길을 각오한 사람이어야 한다. 유행하는 소설에 편승하려거나, 아무개 작가의 흉내를 내려거나, 하물며 돈을 벌기 위해서라거나, 그런 목적으로 문학을 시작하는 사람은 골칫거리다.

작가에게 어떤 세속적인 동기가 훌륭한 작품을 탄생시키

는 원천이 되기도 하지만, 근본적인 마음가짐은 결코 그저 세속적이기만 해서는 안 된다.

발자크는 매일 열여덟 시간씩 소설을 썼다. 사실 소설이라는 것은 그런 식으로 쓰는 것이다. 시처럼 멍하니 영감이 오기를 기다리는 게 아니다. 이 꾸준하고 끊임없는 노력을 할 수 있어야 하는 게 소설가로서의 첫째 조건이며, 이런 노력이 필요하다는 점은 예술가나 실업가나 정치가도 다르지 않다. 게으름뱅이는 어디서든 성공하지 못한다.

어느 화가한테 들은 이야기인데, 프랑스에 가서 화가가 배워 오는 건 매일 아침 반드시 캔버스 앞에 제대로 앉아서 일을 시작하는 습관이라고 한다. 이 단순한 습관이 일본에 돌아온 후에 크게 발전하는 원천이 된다니 일본인의 게으른 기질을 감안하면 재미있는 일이다.

1

소설이란 무엇인가

1

텔레비전이 발달하면서 라디오는 상당히 쇠퇴했다. FM 방송과 자동차 라디오로 되살아났다는 말도 있지만, 가장 **빠**른 뉴스를 오로지 라디오에 의존했던 시대에 비하면, 그 근본적 유효성이 상실된 것은 의심할 여지가 없다. 또 이차세계대전 전에 올림픽 수영에 출전한 마에하타 히데코^{前畑秀子} 선수의 경기를 물보라 소리와 함께 들으며 흥분하던 시절을 떠올리면, 우리가 더 이상 이런 유의 활발한 상상력을 수반한 흥분을 라디오에서 찾지 않는 것은 자명해 보인다.

차를 운전하면서 교통정보나 프로야구의 방송을 듣는 경우를 제외하면, 전반적으로 라디오는 사람을 흥분시키기보다는 위로와 편안함을 주는 콘텐츠를 많이 제공한다. 낭독, 그리고 무엇보다도 음악이 중시되고 텔레비전처럼 시각을 빼앗기지 않기 때문에 좋은 분위기를 조성하기에 더 적합하다. 자동차 라디오는 현대의 연애에서 필수적인 반주자 역할을 차지하고 있다. 그것은 마치 19세기 유럽에서 레스토랑의 테이블 사이를 돌아다니던 악사의 역할을 팁을 받지 않고 하는 것과 같다.

라디오는 텔레비전보다 분위기 조성에 유리한 점도 있겠지만, 의미를 전달하는 측면에서는 한참을 돌아가는 길이다. 시각적인 것을 모두 상상력에 의존해야 하니 일거수일투족의 노력을 아까워하는 현대에 상상력의 지출은 꽤 성가신 노동력의 지출이다.

그러면 라디오가 동적인 기능보다는 정적인 힐링 기능에 편향된 현대에, 라디오를 가장 열심히 듣는 청취자는 누구일까? 자동차 운전자는 여러모로 상당히 일시적이며 끈기 없고 불충실한 청취자라고 생각될 이유가 충분하다. 연속극의 내성적인 낭독에 차분히 진심으로 귀를 기울여주는 사람은 누구일까? 눈으로 보는 타인의 불행의 재미에 야비한 호기심을 드러내는 텔레비전의 시청자와 달리, 타인의 내면에서 나오는 소리의 물방울을 조용히 자신의 마음에 받아들이는 사람은 누구일까?

노인일까? 말도 안 된다. 노인은 텔레비전에 달라붙어 있어 최신 정보와 최신 유행에 정통하다. 단 그것들을 그저 부정하기 위해서 보는 것뿐이지만.

내 생각에 바로 텔레비전이 없거나 텔레비전 시청을 금지당한 긴 병을 앓고 있는 환자들이다. 환자들은 시간이 많고, 애증은 몸에 좋지 않지만 타인에 대해 다소 냉정하고 진지한 관심은 허락되어 있고, 자신에 대한 성찰은 몸에 좋지 않지만 타인에 대해 깊이 성찰할 만한 에너지는 남아 있다. 그리고 그들은 열심히 라디오를 듣고, 어느 때는 고민 끝에 투서를 보내기도 한다.

…내가 지금까지 그저 장황하게 라디오 얘기를 늘어놓았다고 사람들은 생각할까?

사실 내가 얘기한 것은 라디오에 대해서가 아니다. 소설에 대해서다. 소설은 현재도 여전히 많은 부수로 출판되고 있고, 라디오만큼 뒤안길로 들어서지 않은 것처럼 보이지만, 본질적으로 라디오와 같은 운명에 처해 있다.

건강한 젊은 사람들에게 소설은 상대방이 필요 없는 일종의 부담 없는 상상력의 퀴즈이다. 물론 그런 점에서는 텔레비전이 몇 단계는 위이고, 소설은 텔레비전보다 오래 지속되는 흥미, 디테일, 텔레비전보다도 고도로 관념적인 (그만큼 고도로 외설적인) 성적 묘사를 할 수 있는 점에서 간신히 대항하고 있다.

그러나 진정한 감상자의 수가 한정적인 건 그 본질에 기인한 것이고 텔레비전은 지금까지 소설에서 대리 오락을 추구하던 유사 감상자를 빼앗은 것에 불과하다.

원래 소설의 독자란 다음과 같은 사람이었다. 즉, 인생 경험이 부족한데 삶에 의욕적이고, 소심하고 겁쟁이면서 감수성 과잉에, 긴장이 과도한 분열성 기질의 청년들. 이상주의를 실현하려면 성적 억압이 전제가 된다고 생각하는 청년들. 혹은 현실주의의 범위 내에서 몽상적이며, 몽상은 모두 타인이 공급해주기를 기다리는 부인층. 신경질적이고 신체 혐오증이 있지만 성적으로 몹시 예민한 여성들. 뭐가 뭔지도 모르면서 자기 자신만 생각하고, 책에 적힌 것은 모두 자신과 관계가 있다고 믿어버리는 관계망상이 있는 소녀들. 남에게 편지를 쓸 때 자신에 대해서 두세 페이지 쓰고 나서야 용건으로 넘어가는 자기중심적인 소녀들. 괜히 입가에 계속 웃음을 띤 성적 욕구 불만이 있는 중년 여성들. 결핵 환자. 경증 정신 이상자. 그리고 심한 변태 성욕자. …

…이런 소리를 하면, 사람들은 소설 독자를 상당히 기괴한 집단처럼 상상할 테지만 실은 그렇지 않다.

위에서 꼽은 사람들은 모두 선량한 시민이며, 법률을 준수하고 관습을 지키고 있다고 확실히 말할 수 있고, 그건 그저 '사회의 축소판'에 불과하다. 사회란 원래 그런 것이고, 만일 위에서 열거한 엄청난 리스트의 대표자 수십 명이 한자리에 모인다면, 그것은 실로 사려 깊고 친절한 사람들의 모임이 될 게 틀림없다.

그들은 마치 텔레비전 토론회에 나온 사람들처럼, 밝은 모습으로 약간은 조심스럽게 소설에 대해 말할 것이다. 그들은 겉보기에 여느 동네에서나 볼 수 있는 너무나도 평범한 사람들로, 머리가 좋아 보이는 청년, 아름다운 소녀, 느낌이 좋은 주부, 성실하고 강직한 회사원일 것이다. 그리고 그들은 결코 자신을 소설과 이어준 가장 내적인 동기에 대해서는 아무것도 말하지 않을 것이다.

사실 그들은 자신들을 위의 블랙리스트에 몰래 올린 원흉이 그들이 사랑하는 소설이라는 것을 모른다. 소설을 세상에 발표하고 독자를 낚는다는 (얼마나 천박한 표현인가!) 것은 그 리스트에 올라갈 수밖에 없는 것들을 사람들 속에서 유발하는 일이며, 그 덕분에 독자 입장에서 보면 자신의 가장 내밀한 충동의 공공연한 대표자이자 안전한 관리인을 얻는 일이다. 어떤 소설이 존재하는 덕에 얼마나 많은 사람이 고백을 모면하고 있을까. 그와 동시에 소설이라는 것이 존재하는 덕에 사람들은 자신 내면의 반사회성 영역으로 얼마간 떠밀리고, 그리로 떠밀려간 이상, 물론 무기명이기는 하지만 리스트에 올라갈 의무를 지게 된다. 사회질서의 은밀한 재편성에 동의하게 되는 것이다.

이런 동의는 원래 엄중한 윤리적 결단이어야 하지만, 소설 독자는 동의를 통해 아무런 윤리적 책임을 지지 않아도 되는 혜택을 누린다. 그 점은 연극의 관객도 마찬가지인데, 소설이 연극과 다른 점은 만일 단순한 감상이 삶의 윤리적 공백을 용인하는 것이라면, 얼마든지 장편일 수 있는 소설이라는 장르는 연극보다도 훨씬 장시간에 걸쳐 독자의 삶을 지배하므로(모든 시간예술 중에서 장편소설은 가장 삶과 비슷한 경험을 제공하는 장르이다), 사람들은 점점 그 윤리적 공백이 불안해져서, 결국 자신의 삶에서와 똑같은 잣대로 소설과 윤리적 관계를 맺는 일도 있다. 즉 독자는 주어진 혜택을 스스로 포기하기에 이른다.

그때 사람들은 소설 같은 것 때문에, 그것만 없었다면 자각하지 않고 끝났을 삶의 비밀에 눈을 뜨게 되고, 심지어 그 비밀의 근원을 어쩔 수 없이 자신 안에서 발견하며 무언의 고백을 강요받고, …그 정도로 끝나면 다행이지만 고백을 통해 어느새 사회 바깥의 황야로 끌려 나와, 자신이 지금도 충성을 맹세하는 사회적 법칙과 관습으로부터 튀어나와 있는 제 모습을 직시하면서 결정적인 '불안'을 떠안게 된다. 한 권에 오백 엔 정도의 돈을 지불한 결과로 이런 일을 당해도 되는 걸까. 이런 이유로 "당신 때문에 내 인생이 엉망진창이 됐다. 대체 어떻게 할 거냐"라는 내용으로 미지의 독자가 소설가에게 편지를 보내게 되는 것이다.

문제를 정리해보자.

첫째, 불안을 떠안게 된 것.

둘째, 그 결과 불안을 극복하기 위해 소설과 윤리적 관계를 맺는 것.

이 두 가지가 소설 감상의 가장 근본적이고 본질적 영향이다. 여기까지 가면 좋지만, 대부분의 소설은 여기까지 가지 못하고, '몸을 즐기는' 정도로 끝나버리는 매춘부의 운명이라는 건 말할 것도 없다.

그런데 첫 번째 영향은 상당히 건전한 결과이고, 소설의 예술적 책임은 사실 여기까지라고 말할 수 있을 것이다. 왜냐하면 시장에서는 사람들이 희희낙락하며 '불안'조차 사기 때문이다.

그러나 두 번째 영향은 묵과하기가 어렵다. 왜냐하면 이건 경우에 따라서는 가장 골치 아픈 독자를 양성하기 때문이며, 한편으로 이런 경향에 빠지기 쉬운 독자의 마음을 지배할 의도로 만들어진 다양한 사이비 예술 즉 '인생론적 소설', '어떻게 살아가야 할까 소설'이라는 근시안적인 현상을 만들어내기 때문이다.

사실 열성적이고 성실한 독자가 마침내 소설 작품과 윤리적 관계를 맺기를 열망하게 되는 것은 자연스럽고, 또 그렇게까지 독자를 빠져들게 하는 소설 중에는 분명히 걸작이 많은 것도 사실이지만, 소설은 최종적 책임을 지지 않는다. 그 사실을 작가는 작품 어딘가에 살짝 보증해둬야 한다. 가령 이것을 예술상의 제어장치라 불러도 좋고, 흔히 말하는 예술상의 절제라 불러도 좋다. 그런 제어장치가 없는 작품은 오히려 어딘가에서 작가 자신의 예술가로서의 윤리적 책임을 면피하는 일이 많다. 그리고 만일 제어장치가 제대로 되어 있었다면, 속은 독자가 나쁜 것이고 속인 쪽에는 좋은 변명이 된다.

2

독자에 관해 그만큼 신랄하게 말했으니, 이제 그 칼날을 소설의 작가에게 향해야겠다.

무슨 일을 하기 위해서는 각각에 적합한 재능이 있어야 하는 게 자명한 이치이고, 불완전하나마 직업 작가로 살아가는 사람은 그만한 재능을 타고났다고 하겠다.

그러나 항공기사가 되지 않고, 증권맨이 되지 않고, 작곡가가 되지 않고, 소설가가 된 재능의 특질은 무엇일까. 물론 인생에는 많은 우연이 작용하기에, 부모가 강요한 교육 때문에 문학적 재능이 있으면서도 항공기 공학 분야의 권위자가 된 사람도 있을 테지만, 결과론적으로 말하자면 그것은 단순히 그의 문학적 재능이 모든 제약을 뛰어넘어 분출할 만큼 강력하지도 숙명적이지도 않았다는 말이 된다. 나는 지금 조심성 없이 숙명적이라는 말을 썼는데, 재능이라는 개념 자체에 숙명론이 포함되어 있으니, 소설가가 되지 못한 사람은 단지 소설가적 재능이 없었을 뿐이라고 극단적으로 말할 수 있다. 이것이 작가들에게 들러붙어 떨어지지 않는 천직 의식과 직업적 자부심의 원천이다.

그러면 소설가적 재능이 있으면 만일 장래에 소설에 대한 수요가 완전히 사라지고, 누구 하나 소설을 돌아보는 사람이 없다 해도 허무하게 소설을 계속 생산해낼까. 거기에는 아무런 경제적 사회적 수요공급의 원칙은 작용하지 않을까. 사실, 역사도 짧고 형식 의지*도 부족한 소설이라는 예술 장르에 처음부터 적합한 사람이 태어나고, 예정조화적**으로 그의 재능의 발현과 독자의 수요가 들어맞는다는 발상은 부자연스럽고 이상한 생각이다. 그것은 마치(나는 일부러 기술과 예술을 뒤섞어서 말하고 있는데), 우주비행사가 되어야 할 재능을 가진 사람이 15세기에도 많이 태어났었다고 주장하는 거나 다름없다. 이 정도만 생각해봐도, 직업 작가가 가진 천직 의식이 얼마나 근거가 빈약한지 알 수 있을 것이다.

그보다는 이렇게 생각하는 게 더 자연스럽다. 즉 평범한 인간이 태어나 선천적 원인인지 후천적 원인인지 몰라도, 무

---

* a will to form. 영국의 시인, 평론가인 허버트 리드는 『예술 형식의 기원(The Origins of Form in Art)』에서 인간의 자유와 문화는 형식에 대한 '의지'와 함께 시작되었으며, 예술 자체는 하나의 형식 의지로, 그저 아무렇게나 만들어진 것도 아니고 본능적인 반응도 아니라고 주장했다.
** pre-established harmony. 독일 철학자 라이프니츠가 제창한 개념. 모든 존재의 실체인 모나드(monad)는 서로 독립적으로 우주를 구성하지만, 상호 인과관계가 없는 모나드로 구성된 우주에 질서가 있는 것은 신이 미리 서로 조화할 수 있도록 창조했다.

엇인가가 그의 온 존재의 궤도를 어느 방향으로 살짝 튼다. 그러면 그 틀어진 방향에 마침 현대에는 소설이라는 게 있어서, 그곳으로 그의 인생이 푹 빠져버렸다고 생각하는 방식이다. 그는 스스로 의도하면서, 동시에 스스로의 의도를 배반하며, 하나의 기분 좋은 함정에 빠진 것이다. 그 함정이 현대에서는 우연히 소설이라 불리는 것이었던 거다.

그 아주 살짝 틀어진 궤도야말로, 소설가를 소설가답게 하는 것이며, 자신의 인생을 포함한 인생 그 자체를 소재로 삼는 위험하고 기묘한 선택의 시작인 셈이다.

이런 예를 생각해보면 좋을 것이다. 곤충학자가 나비를 채집하고 서커스를 위해 포획업자가 맹수를 포획하듯이, 인간을 채집하려는 이상한 인간. 인간이면서 인간을 채집하는 것만으로도, 이미 부도덕하고 범죄적인 냄새가 나는데, 심지어 현실에서 잡는 것도 아니고 언어라는 채집망으로 상대의 본질을 훔쳐버리는 인간. 더구나 그것을 종교인처럼 책임을 지고 하는 것이 아니라, 무책임하기 그지없는 방법으로, 자신의 알 수 없는 목적을 위해 마음대로 이용하려는 인간. 아무런 권리도 없으면서 그런 짓을 하는 인간을 사회가 용인하고 있는 것은 실은 이상한 일이다.

지위도 권력도 없는 주제에 인간 사회를 어느 관점에서 균등하게 다루며, 결과적으로 그것을 자신의 자아 안으로 흡수시켜, 죽도 밥도 아닌 어중이 주제에, 자신이 마치 인간의 공정한 대표이기라도 하듯 행동하는 인간. 그런 인간이 어떻게 만들어지는가 하면, 어느 순간 생각이 떠올라서 아무에게도 보이지 않는 작고 지저분한 방구석에서 종이 위에 글을 써 내려갈 때부터 시작되는 것이다. 그리고 그런 일은 대도시에서는 이 순간에도 게으른 학생, 실업자, 자신에게 성적 매력이 없는 걸 잘 알지만 근거 없는 자아도취에 빠져서 심지어 매우 상처받기 쉽고 아주 작은 자존심의 상처도 견디지 못하는 신경증을 앓는 청년의 조잡한 책상 위에서(수만 개나 되는 책상 위에서!), 지금 실제로 시작되고 있다. 몹시 상처받기 쉬운 사람이 '객관성'으로 도피할 수 있는 예술 장르로 치닫는 것만큼 자연스러운 현상이 또 있을까. 그에게 충분한 신체적 자신감이 있고, 그래서 상처받는 일을 겁내지 않는다면, 타인의 '객관성'에 스스로 몸을 내맡기는 배우라는 직업도 가질 수 있지 않는가.

고백과 자기방어는 언제나 미묘하게 맞물려 있기에, 고백형 소설가를 상처를 잘 받지 않는 사람이라고 잘못 생각하면 안 된다. 그가 마치 인도의 수행자처럼 자신의 입술이나 볼에 바늘을 통과시켜 보여줄지도 모르지만, 그것은 타인이 하도록 내맡겨 둔다면 치명상을 입을 수도 있다는 걸 알기에, 타인의 가해에 앞서 선취하고 있는 것에 불과하다. 바꿔 말하면 몸의 안전을 위해서!

소설가가 되려고 하거나 이미 된 사람은 인생에 대한 일종의 선취특권을 확보한 것이며, 그것은 동시에 그런 특권을 확보하는 일이 자신의 인생에 필요불가결했음을 은연중에 암시하고 있다. 즉, 그는 이런 종류의 '객관성'으로 무장하지 않고서는 인생을 살아갈 수 없다고 처음부터 예감한 인간인 셈이다.

객관성의 보장이란 무엇일까? 바로 언어다. 더구나 특수한 전문용어도 아니고, 귀족들이 쓰는 말도 아니고, 주관적인 외침도 아니고, 상징적인 시어도 아닌, 통속적인 중세 로맨스어에서 소설이 발생했다고 알려져 있듯이 가능하면 세상 사람들의 귀에 쏙쏙 들어갈 만한 쉬운 말을 사용함으로써, 그가 확보하는 객관성은 대중에게 가까워질 것이고, … 요컨대 그것은 기꺼이 읽혀야 한다. 더구나 말은 이중으로 안전하다. 왜냐하면 말은 아무리 친근해지기 쉽다 해도 상상력을 자극하는 추상적 촉매일 뿐이기 때문이다.

소설은 기꺼이 읽혀야 한다. 아마 이것이 소설의 첫째 조건일 것이다. 작가 측의 필요 측면에서 생각해도, 사람들이 읽지 않으면 작가 자신의 안전이 보장되지 않는다. 왜냐하면 언어라는 추상적 매체를 사용해서 사람들의 상상을 자극해야, 비로소 거기에 있는지 없는지도 모를 아지랑이 같은 세계가 출현해 소설가를 현실로부터 떼어놓게 되고, 그래야 그가 목표로 한 '객관성'의 요건도 충족되고 그의 신변의 안전도 유지되는데, 만일 아무도 읽지 않으면 하루 열 시간씩 글을 쓴다 해도 그는 삶과 밀착되어 있어야 하기 때문이다.

그러나 세상에는 소설가야말로 삶과 밀착되어 있다는 통념이 얼마나 널리 퍼져 있는가. 그게 가장 두려워서 소설가가 된 그가 아니던가! 내가 항상 신기하게 생각하는 게 있는데, 그건 자신만만한 답변자로서 신문이나 잡지의 인생 상담 코너에 초빙되는 일이다. 그것은 마치 겨우 오렌지 주스나 마셔 본 사람이 오렌지 나무의 재배에 대해 대답하고 있는 것과 같은 일이다.

삶에 대한 호기심이란 게 일사불란하게 한창 삶을 사는 동안에는 좀처럼 생기지 않는다는 것은 우리가 경험한 사실이고, 더구나 이런 종류의 관심은 삶과의 '관계'를 암시하는 동시에, 삶 속의 '관계'의 기피까지 의미한다. 소설가는 자신의 내부와의 관계와 외부와의 관계를 동일시하는 유형이라, 어느 한쪽을 등한시하는 걸 허용하지 않기에, 따라서 삶에 밀착할 수가 없다. 삶을 사는 것이란 다른 한쪽에 눈을 감는 일인 것이다.

이렇게까지 말하고 보니, 소설가라는 존재가 앞에서 열거한 괴기스러운 독자상과 그리 멀지 않다는 게 분명해진다. 명예욕이나 야심은 남들만큼 가졌고, 더욱이 '읽혀야 한다'라는 본질적인 필요성 때문에 온갖 천박한 궁리를 하는 대신에, 글자 하나 표현 하나의 사소한 데까지 자존심을 걸고, 엄청난 자기만족과 불안 사이를 오가며, 지극히 질투심이 많고, 살아가기 전에 먼저 검증하고, 적당한 광기를 내포하고, 그러나 한편으로는 기가 막힐 정도로 사람이 좋고, 속기 쉽고, 씁쓸한 철학과 달콤한 인생관을 뒤죽박죽으로 품고, … 요컨대 일종의 독특한 냄새를 가진 함께하기 어려운 부류의 인간인 것이다. 소설가끼리 얼굴을 맞대고 만나면, 서로의 관찰 능력으로 서로가 가장 숨기고 싶은 것을 간파해버려서 신사적인 대화라는 게 성립되지 않는다.

무엇을 위해 쓰는가, 소설가는 자주 이런 질문을 받는다. 새를 보고 무엇을 위해 노래하고, 꽃을 보고 무엇을 위해 피느냐고 묻는 것은 어리석은데, 소설가에게는 항상 이런 질문이 기다린다. 그건 소설은 노래처럼 맑게 들리지 않고 꽃처럼 아름답게 보이지 않기 때문에 항상 뭔가 어두운 '목적'을 내포하고 있다는 의심이 들기 때문이다.

3

작가와 독자에 관한 이런 비관적인 관찰, 소설의 본질처럼 보이는 '객관성'에 관한 음울한 의문을 쓰려고 들면 끝이 없지만, 우선 여기서 내가 최근에 읽은 소설 중에서 이거야말로 의심할 여지가 없는 걸작이라고 생각한 두 작품에 대해 다소 구체적으로 서술해보려고 한다.

그중 하나는 이나가키 다루호˚ 선생의 최신작 「산모토 고로자에몬 이제 물러갑니다山ン本五郎左衛門只今退散仕る」(『남북南北』

1968년 8월호)이고, 다른 하나는 1926년 세상에 나온 뒤로 사십삼 년 만에 복각판이 나온 구니에다 시로˚˚ 선생의 『신슈 홀치기성神州纐纈城』(도겐샤 출간)이다.

이나가키의 작품은 지금까지 극소수의 애호가 사이에서 희귀본에 의지해 뜨거운 논의가 이어져 왔는데, 최근에 재평가가 활발히 이뤄지면서 연구도 많이 발표되고 명작「미륵」이 재출간된 것도 기쁜 일이다.

「산모토 고로자에몬 이제 물러갑니다」에 '나의 괴기영화'라는 없느니만 못한 부제가 붙은 건 작가가 소년 시절에 보았던 파테 영화사의 영화에 대한 향수 때문인데, 그런 식으로 일부러 영화 이야기라고 이름을 붙인 작품이, 사실은 현재 가장 부족한, 순수 문학작품이라는 것은 시대에 대한 더할 나위 없는 풍자이다.

내용은 귀신이 들린다는 무덤을 만져서 밤낮으로 요괴들의 습격을 받게 된 용감한 소년 헤이타로가 끝도 없이 나타났다 사라지는 요괴들의 집요한 위협에도 꺾이지 않고 마침내 한 달을 버텨내는 것을 보고, 그 씩씩함에 감탄한 요괴 두목 산모토 고로자에몬이 모습을 드러내 손 망치 한 자루를 남기고 떠나가기까지의 이야기이다. 그 한 달 동안에 일기

˚ 稻垣足穂. 일본의 소설가. 1920년대부터 1970년대에 걸쳐, 기계와 천체 등을 모티브로 한 작품들을 발표했다.
˚˚ 國枝史郎. 괴기하고 몽환적이며 탐미적인 괴담 소설을 쓴 소설가. 탐정소설, 희곡도 집필했다.

형식으로 상세히 서술된 요괴들이 매우 다양한 데다, 일종의 유머러스하고도 담백한 중층적 묘사가 매우 훌륭한데, 특히 내가 가장 감탄한 대목은 온갖 요괴들이 단조롭게 거듭 등장한 뒤 마지막 밤에,

"기다려라. 그곳으로 가리라"

라는 음성과 함께 나타난 인물, 평범한 무사 차림으로 키는 상인방上引枋을 한 척이나 넘어설 정도로 크고, 도무지 정체를 알 수 없는 그 산모토라는 존재의 등장과 퇴장을 보여주는 클라이맥스이다.

그는 여우나 호랑이도 아니고, 덴구*도 아니고 하물며 인간도 아니다. 무엇인지도 모른다. 겐페이 전투** 때 처음으로 일본에 왔다면서 이렇게 매너 있게 설명한다.

"나와 비슷한 존재는 일본에서 신노 아쿠고로라는 자 말고는 없다. 이름의 한자는 신노라고 읽느니라."

하지만 그 말만으로는 당연히 정체를 알 수가 없다. 특히 신비롭고 운치가 있다고밖에 달리 평할 길이 없는 그 퇴장 장면에서는, 괴이한 종자들을 거느리고 별하늘로 사라져가는데, 거기까지 읽은 독자들의 영혼을 확실히 하늘 너머로 데리고 사라진다. 다음과 같은 훌륭한 단락을 읽어보면 좋을

---

* 하늘을 자유로이 날고, 깊은 산에 살며 신통력이 있다는, 얼굴이 붉고 코가 큰 상상의 동물.
** 源平合戰. 일본 헤이안 시대 말기인 1180년부터 1185년까지 일본 전역에서 벌어진 내전으로 가마쿠라 막부 정권이 수립되는 계기가 되었다.

것이다.

"이 가마에 저 큰 사람이 탈 수 있을까 생각하였는데, 산모토가 한쪽 다리를 가마에 걸쳤나 싶더니 몸이 접히듯 아무런 어려움 없이 안으로 들어가버렸다. 그리고 행렬 맨 앞에 선 종자와 그 밖의 행렬이 행진을 시작하였는데, 그들의 다리는 마당에 있으면서, 왼발은 담장 위에 걸쳐져 있다. 마치 수묵화의 붓질처럼 길어지는 자도 있고, 또 반으로 가른 생선처럼 몸이 반절이 되어서 가는 자도 있고, 각양각색으로 주마등에 비치는 사람 모양처럼 하늘로 올라가 별빛 속에 한참 검게 보이다가 구름에 가려진 듯 보이더니 바람 소리와 함께 사라져버렸다."

신노 아쿠고로라는 존재는 결국 작품 속에 모습을 드러내지 않으나, 여기까지 읽으면 산모토 같은 존재가 달리 또 있다는 중대한 사태가 실감이 나서 오싹해지고, 더구나 그와 비슷한 자가 이 세상에 단둘밖에 없다는 사실이 말할 수 없는 공포감을 불러일으킨다.

이 두려움은 어디에서 오는 것일까. 그 인물이 '정체불명'인 동시에 '매너가 있다'는 점에서 오는 것 같다. 왜냐하면 그전까지 나타나는 무수한 요괴들은 하나같이 예의를 분별할 줄 모르는 피라미였기 때문이다. 또한 산모토도 신노도 일본에서는 일본 이름을 쓰지만, 자유자재로 날아다닐 수 있는 국제적 존재로, 마계에서 높은 신분을 차지하는 엄청난 권력자인 듯하다. 나는 특히 결국 모습을 드러내지 않은 신노가 형언할 수 없이 두렵다.

공포는 이 작품에서 너무나 일상적으로 남용되어서 금방 마비되어버리고 나중에는 우습기까지 한데, 독자가 이제 괜찮다고 완전히 안심한 상황에서 나타나는 산모토야말로 진정한 공포와 신비의 근원을 드러내며 삼엄하고 '진지한' 괴기스러움을 위용을 갖춘 모습으로 보여준다.

그리고 그 산뜻한 퇴장에서, 현세의 세상에서 요력과 마력이 다시 돌아올 수 없는 길로 퇴장하는 뒷모습을 떠올리게 해 말할 수 없는 아쉬움까지 느끼게 된다.

"그 불안함이 이제는 뭔가 슬프고 맑은 마음으로 변했다. 가을 탓일까?"

그렇게 헤이타로는 술회한다.

"산모토 님, 생각나면 다시 오세요!"

여기까지 읽으면 독자는 의외의 주제 전환에 놀랄 것이다. 헤이타로에게 요괴와의 비일상적인 생활과 산모토의 방문이란 사실 두 번 다시 돌아오지 않을 그의 소년기를 상징하는 건 아니었을까. 그 짧은 시기를 골라 악마는 인간과 가장 맑고 깨끗한 교류를 맺었고, 헤이타로 역시 인간의 평범한 사회생활의 허위를 미리 철저하게 배웠던 게 아니었을까. 이나가키가 오히려 요괴 교육을 통해 시詩의 세계와 가능성의 무한한 발견을 의도하고 교양소설을 쓴 것처럼 보이기까지 한다. 이렇게 요괴들이 마구 설친 것은 시련이 아니라 교육이며, 징벌이 아니라 사랑이었던 게 아닐까. 작가는 이 소설 후기에서 너무나도 그다운 서정적인 의외성으로 이렇게 덧붙였다. "원래 사랑의 경험은 나중에 그것이 없으면 견딜 수 없어지는 결점을 가진다."

이나가키의 무심한 듯 매너 있는 문체를 통해, 우리는 주인공 헤이타로가 가진 강직한 소년의 영혼의 내부를 관통했다. 이 관통은 매우 실감 나고 교묘하게 이루어졌기에, 파국에 이르러서는 어쩌면 이 글을 읽고 있는 나 자신이야말로 산모토가 아닐까 하는 의심이 들기 시작한다. 왜냐하면 닫힌 소년의 정신세계를 마지막에 깨부수는 자야말로, 독자인 나 자신이어야 하기 때문이다.

…처음 목적이 소설 전반에 관해 이야기하는 것이었으니, 처음부터 끝까지 한 작품의 해설과 소개를 하면 안 되는 거였다.

그러나 민감한 사람은 이미 내가 소설의 본질에 대해 말했다는 것을 알아챘을 것이다.

이나가키는 이 황당무계한 요괴 이야기에 현실성도 제대로 담았고 고백도 완수했을 뿐 아니라, 독자를 작중인물에 감정을 이입시킨 처음과 달리 나중에는 주제를 각성하게 하고, 나아가 독자 자신을 산모토라는 '이야기의 완성자이자 파괴자인 정체불명의 존재'로 변신시킴으로써 독자의 영혼을 하늘 너머로 납치해 사라지는 데 성공했다.

이것이야말로 진정한 소설의 기능이 아닐까. 더욱이 이나가키 작가는 결코 관념적이거나 시적인 문체를 쓰지 않고, 무엇 하나 해설하지 않고, 사상을 늘어놓지 않으면서, 너무나도 대담한 소년을 태평하게 관찰하는 듯한 언뜻 단조로워 보이는 서술 속에서, 서양 스타일의 세련미를 은은히 풍기며 유유히 한 편의 이야기를 끝내버리는 것이다.

애석하게도 이런 은근한 문학적 효과는 현대에 가장 이해받기 어려운 것 중 하나가 되고 말았다. 사람들은 좀 더 현실적인 주제, 당면한 시대적 요구, 현대인의 불안감, 소외감, 가정의 붕괴, 성의 무력감 등등(아! 이제 정말 귀에 딱지가 생길 지경이다!), 그런 것들에 대해서만 때로는 교묘하게 때로는 일부러 서투르게, 다양한 문학적 기교를 사용해서 써대고 사람들도 역시 소설은 원래 그렇다고 생각한다. 자신의 얼굴(실은 그렇게 생겼을 거라고 짐작하는 자신의 얼굴)을 소설 속에서 바로 찾지 못하면, 읽는 사람도 쓰는 사람도 불안하다. 이건 상당히 어처구니없는 상황이 아닌가. 「산모토 고로자에몬 이제 물러갑니다」는 절대 우화가 아니다. 헤이타로는 그냥 헤이타로이고 요괴는 그냥 요괴이다. 그것은 특별히 심오한 풍자나 수준 높은 정치적 비유와 무관하다. 사람들은 그려진 것을 있는 그대로 믿을 수 있고, 소설 속 사물의 모습은 아무 환상 없이 사물로 인정할 수 있다. 사실 이것이야말로 다른 예술에 비해 언어예술이 지닌 탁월한 특징인데, 소설은 불행하게도 이 특징을 스스로 잊어버리는 방향으로 가고 있다.

언어예술에서야말로, 우리는 언어를 통해 꿈과 현실, 환상과 사실의 완전한 **등질성**을 마주할 수 있다. 역사소설과 환상소설은 이 특징을 서로 다른 방향으로 확장한 것인데, 역사소설이나 환상소설이라는 딱지를 붙여 독자들이 먼저 마음의 준비를 하게 하는 일이 현명하지 않다는 건 말할 필요도 없다. 음악이나 미술에서는 소리와 색채 그 자체가 이미 우리가 평소 사용하는 소리나 색채와 다른 법칙성으로 정리되어 있어서, 꿈과 현실에는 동질성이 없고, 그 대신 예술로서의 독립성과 자율성, 상징기능의 순화醇化를 획득하고 있는 셈이다.

그래서 「산모토 고로자에몬 이제 물러갑니다」에 등장하는 요괴들은 무수한 현대소설에 나타나는 자동차나 비행기, 바람둥이 카피라이터, 지루한 중년 남자, 시건방지게 말하는 십 대 소녀들과 완전히 질적으로 차원적으로 같은 존재인데, 오히려 요괴가 더 명확하고 현실적인 존재로 보인다면, 그만큼 이나가키가 훨씬 더 깊게 언어라는 것을 믿고 있기 때문이다. 그리고 만일 이 작품이 우화였다면, 독자는 이미 요괴를 보기는커녕 믿을 수도 없기에, 언어예술의 근원적인 신빙성은 상실되고, 거기에는 사물이나 인물과 추상 관념 사이를 가로막는 이중노출이 항상 고개를 쳐들게 될 것이다.

여기서 나는 「산모토 고로자에몬 이제 물러갑니다」의 원전인 『도테이 물괴록稲亭物怪錄』을 이나가키 작가가 어떻게 현대화했는지 일일이 대조해보려고 한다.

4

앞에서 인용한 「산모토 고로자에몬 이제 물러납니다」의 원문은 다음과 같다.

"생각건대 보통 크기의 가마에 그 큰 사내가 타는 것은 도저히 불가능할 성싶더니, 그 사내, 한쪽 다리부터 가마에 올라타는데, 몸이 접히듯이 아무런 어려움 없이 타면 선두의 종자들과 나머지가 줄을 지어 가는데, 왼발은 마당에 있으면서 오른발은 토담 위에 있고, 그러면서 수묵화의 붓질처럼 길쭉해져서 가는 것도 있고 혹은 생선을 반으로 가른 듯이 되어가는 것도 있고, 가지가지로 다양하게 돌며, 등롱에 비치는 그림자 같은 모습으로 모두 하늘로 올라가 구름 속에 들어간 듯 보이다가, 별빛이 잠시 검어 보이더니 바람이 부는 듯한 소리를 내며 소실되더라."

이나가키의 명문은 특별할 게 없는 그저 현대어 번역이고, 심지어 어떤 사람들은 원문이 훨씬 명문이라고 할지도 모른다.

그러나 이나가키 작가가 가진 환골탈태의 재능을 알려면,

거기서 속단을 내려서는 안 된다. 이 신비롭고 운치가 넘치는 클라이맥스에 효과를 더하고 아울러 여기에 서양 문학의 로맨틱한 맛을 추가하기 위해, 그는 충분히 계산해서 포석을 깔고 독특한 안티클라이맥스*를 추가해서, 단순한 괴기담을 철학적인 사랑 이야기로 바꾸고 자유자재로 구사한 것은 앞에서 서술한 대로다.

그 포석이란 예를 들면 원문에서 산모토가 등장할 때 헤이타로의 질문에 대답하며,

"그래, 네 말대로 인간이 아니라 나는 마왕이니라."

라며 즉시 정체를 밝히는 데 반해 이나가키는

"그대 말대로 인간은 아니다. 그렇다고 덴구도 아니지. 그렇다면 무엇이냐고? 그건 자네 추측에 맡기겠네."

이렇게 의도적으로 번안하여 신비로움을 더해, 독자의 상상력을 자극하는 것을 말하며, 또한 클라이맥스에서 산모토가 승천할 때 나오는 가마의 종자들도 원문에서는 "가마도 보통 가마, 종자들도 보통 사람이다"라고 되어 있는데, 이나가키가 "가마는 보통 가마였으나 종자들은 모두 괴이한 모습이고"라고 바꾼 것을 말한다.

그러나 이런 포석도 별것 아닌 기교라고 하는 사람도 있을 것이다. 중요한 것은 이나가키의 손바닥 안에서, 최대한

---

* 점차 끌어올린 강한 어조를 약한 어조로 떨어뜨리는 수사법.

원문의 서술을 충실히 따르면서 오래되어 잊힌 괴기담이 어떤 형태로 바뀌었는가 하는 것이다. 그리고 일단 그 이야기의 근본적인 풍자적 의미가 바뀌면, 이야기의 어떤 디테일이든 원문에 충실하면 할수록, 그 의미와 그 예술적 효과는 완전히 달라지는 것이다.

다음으로 구니에다 시로 國枝史郞의 『신슈 홀치기성』에 관해 말해보겠다.

1925년에 쓰이고 최근(1968년) 복각된 이 소설은 여러 독일 낭만주의 작품이 그랬듯이 작가가 죽으면서 미완성인 채로 남겨졌는데, 원래 이 자유분방한 구상과 작가의 과잉된 감성은 미완이 될 숙명을 내포하고 있었다.

나는 이 소설을 한 번 읽고, 당시 대중소설의 변종이라 간주되어 제대로 된 비평의 대상도 되지 못했던 이 작품의 풍부한 글재주, 부분적이나마 높은 환상미, 훌륭한 문장, 지금 읽어도 전혀 낡지 않은 현대성에 놀랐다. 이 작품은 예술적으로도 다니자키 준이치로의 중기 전기소설이나 괴기소설을 능가하고, 현재 나오고 있는 소설류와 비교해볼 때, 높은 기품은 비교가 되지 않는다. 문학에 관한 한, 우리는 1925년보다 훨씬 저속한 시대에 살고 있는 게 아닐까.

후지산의 모토스 호수 한가운데에는 해자로 둘러싸인 성

이 있고 항상 연무에 감싸여 보이지 않는다. 이 성에는 비밀이 있는데, 지하 공장에서 사람의 피를 짜서 홀치기 염료인 주홍색을 만든다는 것, 또 성주가 급성 나병이라는 중병에 걸려 문드러진 온몸에 흰 천을 휘감고 있다는 것이다. 향수병에 걸린 성주가 성을 빠져나와 고후성^{甲府城}까지 달려가니, 그의 손에 닿은 것은 모두 감염되고 간호하는 사람도 이내 나환자가 되는 것이다.

작자에게는 처참함, 괴기, 신비, 색채의 취향이 넘쳐흐른다. 소설은 우선 신비로움에 대한 호기심을 자아내야 한다는 사실을 잘 알고 있었다.

알고 싶다. 무엇을? 무엇인지는 몰라도 아무튼 알고 싶다. …그런 마음을 불러일으키는 것이 소설 본연의 기능이라고 한다면 『신슈 홀치기성』은 그것만으로도 가장 모범적인 소설일 것이다.

이렇게 수수께끼 풀기가 소설의 중요한 매력이라면, 현대에 유행하는 추리소설보다 나은 건 없을 것이다. 그러나 작가가 교묘하게 장치해둔 수수께끼가 일단 밝혀지면 사람들은 되풀이해서 읽을 흥미를 잃는다. 모든 과정은 수수께끼 풀기라는 목적을 위한 수단에 불과하고, 다시 읽으면 그 수단으로 쓰인 장치가 훤히 드러나기 때문이다.

그래서 소설이 문학이 되려면 부차적이지만 이 과정을 단순한 수단으로 삼지 말고 세부가 각각 목적으로 충분할 수 있는 그런 세부로 전체를 채워서, 다시 읽어도 수단으로서의 장치가 아니라, 그 자체로 충분한 전체로서의 장치만이 드러나도록 만들어야 하며, 그것을 보장하는 게 문체인 셈이다. 그러나 작가의 취향이 비정상적일 만큼 세련되면 목적 그 자체를 경박하다고 간주하게 되기 쉬워, 독자의 낮은 호기심이 알고 싶어 하는 것을 작가가 경멸의 눈으로 보게 되고, 마침내는 작자의 목적을 가능한 한 독자의 목적(알고 싶다는 수수께끼 풀기의 목적)에서 멀어지게 하려다 보니, 결국 수단으로서의 세부를 목적화하고, 소설로부터 그 본래의 목적을 제거하고 싶어진다.

여기서부터 소설의 플롯이 경시되기 시작한다. 왜냐하면 플롯이란 소설의 필연성인데, 연극에서는 필연성이 충분히 고상할 수 있지만, 소설에서는 필연성이 소설을 천박하게 만든다고 생각하게 되는 것이다. 참고로, 스토리와 플롯의 차이에 대해 포스터*가 매우 간결한 정의를 내렸는데, 포스터에 따르면 스토리란 '왕이 돌아가시고, 그리고 왕비가 돌아가셨다'라는 사실의 열거이며, 플롯이란 '왕이 돌아가시고, 그리고 왕비가 슬픈 나머지 돌아가셨다'라는 여러 사실의 필연적 연결이라는 것이다.

어쨌든 독자는 그 '알고 싶다'는 욕구를 플롯을 통해 '필

---

* E. M. Forster. 20세기 영국을 대표하는 소설가. 작품으로 『가장 길었던 여로』 『전망 좋은 방』 『하워즈 엔드』 등이 있다.

연'으로 치환시키고 싶은 욕구를 품게 된다. 왜, 어떻게, 무엇을 알고 싶은지 독자는 잘 모른다. 독자는 소설이 그것을 알려주기를 바란다.

전기소설의 이점은 수수께끼가 밝혀진 뒤에도, 여전히 수수께끼가 신비로움이라는 이점을 전혀 잃지 않는다는 점이다. 그리고 구니에다 시로 같은 작가의 소설을 읽을 때, 독자는 자신의 알고 싶다는 목적과 작자의 알려 주고 싶다는 목적이 실은 어딘가에서 어긋나 있고, 작자 역시 독자와 마찬가지로 알지 못하는 무엇인가에 매혹된 게 아닐까 하고 직감할 것이다. 이 뭔가 달콤하고 가슴이 설레는 불신감은 작품이 미완성이라는 점 때문에 더욱 배가된다.

독자는 작품을 읽기 전에, 먼저 강아지처럼 냄새를 맡는다. 이 후각은 아주 놀랍다. 소설뿐 아니라, 영화 개봉 첫날의 관객 수는 언제나 신비로 가득 차 있다. 사전 홍보도 충분하지 않고, 예매권도 대대적으로 팔지 않고, 스토리도 분명하지 않은데, 영화가 개봉하는 날 아침 창구에 늘어서는 군중은 미리 뭔가 냄새를 맡은 거다. 한편, 홍보를 아무리 잘해도 히트를 하지 못하는 영화는 첫날 아침에 이미 망한 것을 알 수 있다. 아무튼 관객은 영화관에 오려고 하지 않는다.

『신슈 홀치기성』은 불길한 것이 저 너머에 도사리고 있고, 더욱이 그 불길함에는 도덕을 초월한 아름다움이 엉겨 붙어 있어서, 등장인물은 모두 그곳으로 이끌려 간다는 이야기의 구성을 읽기 전부터 예감할 수 있다. 공포와 전율과 신비를 맛보고 싶다는 욕구는 실은 이 세상에서 가장 무익한 욕구라고 해도 될 것이다. 많은 동화의 에피소드에서 볼 수 있듯이, 비밀의 방에 대한 호기심 탓에 신세를 망치는 사람이 많다. 어쩌면 인간에게는 '목숨을 걸고 알고 싶다'는 지적 탐구심으로 진리를 밝히는 것보다도, '앎으로써 신세를 망치고 싶다'는 파멸의 욕구가 더 중요하고 좋은 게 아닐까? 만일 구니에다 작가의 『신슈 홀치기성』이 뛰어난 퇴폐주의 작품이라면, 독자의 이러한 파멸 욕구는 필연성을 갖게 되는 것이다.

이렇게 되면, 이 소설의 목적이 수수께끼 풀기가 아니라, 공포 자체를 미와 매력으로 변화시키는 것이며, 심지어 그것을 환상을 믿는 작자의 예측할 수 없는 열정이 이끄는 대로, 일종의 신비로운 정화라고도 할 수 있는 언어의 아름다움으로 이루는 것이라는 게 명백해진다.

『신슈 홀치기성』에서 가장 잊기 어려운 장면 중 하나인 젊은 무사 쇼자부로가 후지교단에게 린치를 당하고 후지산 동굴의 수로를 통해 배에 실려 나오는 장면은 에드거 앨런 포의 「아른하임의 영토」나 「랜더의 별장」에 족히 필적하고 남는다. 또한 후지산 동굴에 숨어 가면을 만드는 쓰키코가 목욕하는 장면은 이즈미 교카의 『고야산 스님高野聖』에 나오는 나체 여인의 아름다움보다 한층 관능적으로 마음껏 육체

묘사를 한다.

"실오라기 하나 걸치지 않은 그녀의 알몸은 백조처럼 하얬다. 등불이 그림자를 만들었다. 보라색을 띤 그림자였다. 그녀는 어떤 자세를 취했다. 한쪽 무릎을 세우고 등을 구부렸다. 세운 무릎에 팔꿈치를 대고, 손바닥 위로 턱을 올렸다. 그 모습을 등불이 정면에서 비추었다. 팔꿈치 바깥쪽이 어슴푸레하게 빛났다. 엷은 마노색 빛이었다. 세운 무릎에서 정강이에 걸쳐, 그리고 발바닥까지 희미하게 빛났다. …"

5

실제 작품 쓰기에 관해 한참 설명했으니, 다시 잠시 원론적인 문제로 돌아가기로 하자.

소설도 희곡도 문학작품인 점에서 다르지 않지만, 큰 차이는 소설이 쓰인 형태로 완전히 완결되는 것과 달리, 희곡은 상연할 것을 가정하고 타인의 몸과 조명과 무대장치 등 다양한 것들의 힘을 빌려 최종적으로 완결된다는 점이다. 희곡은 오히려 악보와 비교해야 하는데, 작곡가의 작업이 기록된 형태인 악보는 오케스트라와 지휘자를 상정하고, 극작가의 작업이 기록된 형태인 희곡은 배우와 연출가를 상정하고 있다고 할 수 있다. 그래도 당연히 모차르트나 입센도 각각 '완결된 예술가'이며, 결코 부품제조업자가 아닌 그 자체로 하나의 세계를 이루는 작품의 작자이다.

그런데 소설은 어떤가 하면, 작가 한 사람의 손으로 하나부터 열까지 만들어서 직접 감상자의 손에 넘겨지고 있는 셈이니, 오히려 소설은 회화나 그 밖의 조형미술에 비유할 수 있겠다. 굳이 무대예술에 비유한다면, 소설은 무대 위의 연출, 연기, 조명, 음향효과, 의상, 신발, 무대장치, 소품, 심지어 무대감독, 무대장치 담당자의 일까지도 작가 혼자 담당하며 모든 책임을 지고 감상자에게 제공하고 있는 셈이다. 다만 소설의 특징은 삶과 자연과 인간(동물인 경우도 있다)의 모든 표현이 언어를 통해 이루어지고 있으며, 동시에 언어로 완결된다는 점이다. 이 점에서는 수필 등의 비소설도 마찬가지지만, 비소설의 경우는 형식상 언어 표현으로 모든 것이 끝나도, 내용상으로는 언어 이외에 사실을 토대로 하는 면이 많다는 점이 다르다. 이 '사실을 토대로 하는' 점에서 역사소설은 실로 이도 저도 아닌 모순된 분야인데, 그런 예외는 차치하고 허구로서의 소설은 이렇게 정의할 수 있을 것이다.

① 언어 표현에 의한 최종완결성을 지니며
② 작품 내부의 모든 일이 아무리 사실과 비슷해도 사실과 다른 차원에 속하는 것.

그러면 또다시 실화 소설이나 사소설 같은 헷갈리는 사례가 나오고, 문제는 그런 헷갈리는 분야에서는 예술성이 낮을 수록 사실과 다른 차원으로 독자를 데려가려는 노력을 게을리하는데, 그 '다른 차원으로 안내하려는 노력'은 바로 ①의 조건과 관련이 있고, ①의 조건을 충분히 충족하지 못하는 것은 ②의 조건도 충분히 충족하지 못한다고 할 수 있다. 즉, 언어 표현의 엄밀성과 자율성을 제대로 분별하지 않으면, ②의 조건도 위태로워진다. 따라서, 좋은 소설은 ①, ②의 조건이 모두 어우러져 충족되어야 하는 셈이다.

이 '언어 표현에 의한 최종완결성'이야말로, 아마 예술로서의 소설의 가장 본질적 요소일 것이다. 그런데 소설은 정말 자유롭고 제멋대로인 장르라 생각되고 있는 만큼 이 점에 대한 인식을 등한시한 채 쓰인 소설이 많은데 일본어의 오랜 교양이 무너지면서 이 인식 자체가 소설가 내부에서 나날이 쇠퇴해가는 것 같다.

예를 들면 사물에는 이름이 있다. 이름에는 전통과 생활, 문화의 실체가 담겨 있다.

예를 들어보겠다. '마이라도舞良戶'라고 부르는 문이 있다. 가로로 여러 개의 자잘한 살이 있는 나무 문을 말한다. 이런 문은 지금은 오래된 저택이나 절에서 볼 수 있을 뿐, 근대 일본식 건축에서는 거의 볼 수 없고, 더구나 맨션이나 아파트 생활에서는 눈에 띄지 않는 물건이다. 그러나 소설에서 맨션 생활만 다루어야 한다는 규칙이 있는 것도 아니고, 소설가 자신의 과거를 환기하면 작은 사물도 중요한 심상이 되므로,

현대소설에서도 마이라도가 등장하는 일은 피할 수 없다. 그럴 때 소설가는 언어 표현의 최종완결성을 믿는 이상, 우선 그 '이름'을 알아야 한다. 정확한 이름을 지시하게 되면 소설가의 책임은 끝나고 언어 표현의 최종완결성이 보장되기 때문이다.

하기야 와중에는 쓸데없는 걱정이 많은 소설가가 있어서, 독자에 대한 친절한 마음에서 '마이라도라는 가로 살이 많은 나무 문'이라고 주석을 달아 표현할지도 모른다. 그러나 이런 친절은 때로 소설을 쓸데없이 장황하게 만들어 표현의 간결함을 희생하기 쉽다. 우선 이런 유의 친절을 어디까지 베풀어야 할지 소설가 본인도 확실히 알지 못할 것이다. '맨션'이라고 하면 누구나 '아하' 하며 금방 알 것 같고, 즉 공유하는 이미지가 금세 떠오르지만, '마이라도'라고 하면 주석 없이는 아무도 모를 것 같아서 일일이 걱정이 되므로 소설에 등장하는 사물의 이름에 일일이 주석을 달아야 한다. (우노 고지*는 이런 피해망상적 주석 습관을 일종의 유머러스한 재주로까지 발전시킨 작가였다) 모든 것은 상대적인 문제라서, 현대어로서 누구나 아는 '멋지다' 같은 말을 십 년 후에는 아무도 모를 수도 있다는 사실은 가부키 인기 레퍼토리인 스케로쿠助六**의 익살을 보고 오늘날 아무도 웃지 않는 것

---

* 宇野浩二. 일본의 소설가. 세속에 물들지 않으면서 고요하고 평안한 느낌을 주는 독자적 작풍을 확립했다.

과 마찬가지다. 전통에 의해 일정 기간 존속되었고 그것을 대신하는 명칭이 없는 사물에 대해 작가는 그 '이름'을 제시했으면 만족해야 하며, 그것이 언어 표현의 최종완결성이라는 것을 보장하는 하나의 문화적 확신이어야 한다. 극단적으로 말하면, 일본 역사를 믿지 않으면서 어떻게 일본어를 사용할 수 있겠는가. 나는 확실히 마이라도를 그냥 '마이라도'라 쓰는 것으로 만족하는 소설가이다. 그리고 나는 독자에게 다음과 같이 요구할 권리가 있다고 믿는다. 즉, "만일 내가 '마이라도'라고만 써도 그게 무엇인지 바로 알고, 그 이미지를 그릴 수 있는 독자야말로 '나의 독자'이며, 당신은 이 소설의 이 부분에서 오래된 마이라도 한 장이 어떠한 예술적 효과를 발휘하는지를 아는 동시에 그것이 반드시 마이라도여야 하고 유리창이어서는 안 된다는 예술적 필연을 직감할 수 있는 행복한 독자이다. 그러나 '마이라도'라는 이름에서 아무런 개념을 파악할 수 없는 독자는 주저 없이 사전을 찾아서 그것이 무엇인지 알고 이 말, 이 이름을 자기 것으로 만든 뒤에 나의 소설로 돌아오는 것이 좋을 것이다. 그러지 않으면, 당신은 나의 소설 세계의 '임시 입장권'을 손에 넣은 것에 불과하고, 언제까지고 '정식 입장권'으로 교환해줄 수 없다"라고 요구할 권리 말이다.

** 교토의 만물상 스케로쿠와 유녀 아게마키의 실제 동반 자살을 각색한 작품의 통칭이자, 그 작품의 주인공.

그러나 요즘 신인, 아니 신인뿐 아니라 중견 작가 중에서도, '마이라도'가 나왔다고 가정했을 경우, 다음과 같이 표현하는 사례를 가끔 보게 된다.

① 옛날 가옥에 흔한 가로 살이 많은 문
② 가로 살 문
③ 마이라도라고 하던가, 가로 살이 많은 문

이 중 내가 검사라면 ③에 가장 무거운 죄를 구형할 텐데 그 이유는 뒤에서 설명하겠다. ①처럼 쓰는 작가는 사물을 정확히 보고 있으며 과거를 환기시키는 힘도 있지만, 그것만을 작가의 소질이라 생각하고 있는 게으름뱅이이며, 언어 표현의 최종완결성에 대해, 즉 소설의 본질에 대해 경솔하게 생각하고 있다. 그는 사전을 찾는 것 자체를 현학적인 행위라 착각하고 있는 게 틀림없다.

②의 작가는 아무렇지 않게 신조어를 만든다. '가로 살 문'처럼 샌드위치의 일종 같은 말은 일본어에 없다. 그는 말의 전통성에 관해 경건함이 부족한 사고의 소유자거나 너무 바빠서 표현의 엄밀성에 주의를 기울이지 않는 작가이다. 하나를 보면 열을 안다고, 이런 작가는 절대 독특하고 감각적인 표현은 할 수 없고, 다른 부분에서는 분명 '그녀는 슬프도록 아름다운 미소를 띠고' 같이 진부하고 틀에 박힌 표현을 아

무렇지 않게 쓰고 있을 것이다. 그는 그저 바쁜 것이다.

③의 작가는 논할 가치가 없다. 왜 그런가 하면 이런 표현을 하는 데는 몇 가지 심리적 개연성을 생각해볼 수 있다. 하나는 그의 머리에 '마이라도'라는 이름이 떠오르기는 떠올랐는데, 사전이든 뭐든 확인하는 수고를 생략하고, 그 수고를 생략했다는 심리적 경과를 그대로 보여주며, '라고 하던가'라고 책임을 전가하고 있다. 다른 하나는 사실 그가 '마이라도'라는 이름을 제대로 알면서도 작자 자신 또는 등장인물의 태평한 성격을 표현하려고 '라고 하던가'를 넣으면 표현이 부드럽고 친근해진다고 생각하는 것이다. 세 번째는 모든 것이 무의식인 경우이다. 그는 표현의 응축성도 정확성도 생각하지 않고, 그저 애매한 심리상태를 외부세계에 던져, 외부세계 자체를 애매한 '라고 하던가'로 채우고 있는데, 심지어 이 모든 일을 무의식적으로 하는 것이다.

나는 이 중에서, ③의 세 번째 경우가 가장 악질이라고 생각한다. ③의 첫 번째는 작가 기질을 내세우고 있어서 좋지 않고, 두 번째는 가식적으로 무지를 가장하여 작중인물의 태평한 성격을 표현하려는 점에서 그 태도가 불쾌하고, 세 번째는 언어 표현의 자율성에 대한 성찰 없이 작가로서의 근본적인 과오를 범했기 때문이다.

나는 이 예를 모두 '언어 표현의 최종완결성'에 대해, 소설가의 각오가 없는 죄, 책임이 없는 죄라는 죄명으로 고발한다.

별것 아닌 걸로 극성을 떤다고 할지도 모르지만, 만일 극작가가 지문에 '무대 왼쪽에 마이라도'라고 지정하면 목수는 바로 지시대로 마이라도를 제작하는 게 당연하고, 단순한 기술적 지정으로 사용된 언어가 무대에서는 제대로 된 사물로서 존재하기에 이르는 것이다. 그리고 소설이란 그러한 제대로 된 사물을, 배우가 기대도 흔들리지 않는 진짜 사물을 언어로, 오로지 언어만으로 창조해가는 예술인 것이다.

6

…최근에 매우 뛰어난 소설을 읽었다. 이 독후감의 강렬함은 비길 데가 없기에 무엇보다 먼저 이 소설에 관해 써야겠다.

바로 조르주 바타유Georges Bataille의 『성스러운 신』*이라는 작품집에 실린 「마담 에드와르다」와 「내 어머니」라는 두 편의 소설이다. 지금까지 바타유의 번역서는 졸역拙譯으로 독자를 골치 아프게 했는데, 이번 이쿠타 고사쿠生田耕作 교수의 번역은 완성도가 뛰어나다.

현대 서양 문학에서 내가 가장 주목하는 작가는 바로 바타유와 클로소프스키**와 곰브로비치***인데, 그 이유는 이들

---

* 후타미쇼보 출판사에서 번역 출간된 조르주 바타유 작품집 제3권.

의 문학에는 19세기를 뛰어넘어 18세기와 20세기를 직접 연결하는 듯한 형이상학과 인간 육체의 생생하고 거칠고 무례한 직결이 보이기 때문이며, 반심리주의, 반사실주의, 에로틱한 추상주의, 직설적인 상징기법, 그리고 그 이면에 숨겨진 우주관 등 공통된 특징이 많기 때문이다.

바타유의 「마담 에드와르다」는 신의 강림을 증명한 소설인데, 동시에 지극히 외설적인 작품이다. 사창가에 있는 '레 글라스'에서 스스로 신이라 말하는 창부 마담 에드와르다를 산 '나'는 그 후에 나체 위로 검은 도미노[****]를 걸치고 검은 가면을 쓴 채로 거리를 헤매는 에드와르다를 뒤쫓다가, 발작을 목격하고 도우려고 함께 올라탄 택시에서 운전 기사에게 올라타 성교를 하는 에드와르다의 모습에서 진정한 신의 강림을 본다는 이야기이다.

다음으로 「내 어머니」를 함께 읽으면 에드와르다와 어머니의 이미지가 겹쳐지는 것을 알 수 있고, 성모의 신성함을 능욕하는 근친상간이라는 신성모독의 환상을 확인할 수 있는데, 이 작품들에서는 성모가 간음의 대상이 되어 수동적으로 능욕을 당하는 게 아니라, 스스로 사람을 충동질해서 강제적으로 공포와 전율과 도취가 뒤섞인 강림 체험으로 유도

[**] P. Klossowski. 니체와 초현실주의의 영향을 강하게 받은 프랑스의 소설가, 평론가.
[***] W. Gombrowicz. 폴란드 출생의 작가. 포스트모더니즘의 선구자.
[****] 검은 두건이 달린 가장무도회용 복장.

한다.

여기서는 바타유론을 펼치는 게 목적이 아닐뿐더러 바타유에 관해서 하고 싶은 말을 다 하기에는 지면이 너무 부족하다.

다만 분명한 사실은 바타유가 에로티시즘 체험에 내포된 신성성을, 언어를 통해 도달할 수 없다는 것을 알면서도(이 역시 언어를 통한 재체험이 불가능하다는 것과 관계가 있는데), 그럼에도 언어를 통해 표현하고 있다는 것이다. 그것은 '신'이라는 침묵의 언어화이며, 소설가의 가장 큰 야망이 오직 여기에 있다는 것 역시 분명하다. 그리고 소설에 등장하는 신으로 여성이 선택된 것은 여성이 가진 정신과 육체의 근원적 일치 때문인데, 여성의 가장 높은 미덕이라 생각되는 모성도, 가장 더러운 것으로 인식되는 창녀성도, 실로 같은 신체 부위에서부터 시작되고 있다는 인식에 기인한 것이다. 신을 웃음을 파는 여자의 대표라고 부른 보들레르의 말(「벌거벗은 내 마음 Mon cœur mis à nu」)을 여기서 떠올릴 수 있겠다.

바타유를 이런 개념적인 해석으로 단정 짓는 건 애초에 불가능한데, 이 소설을 읽으려면(심지어 번역으로!), 언어의 장벽을 돌파한 장면만 그려져 있다는 전제가 먼저 필요하다.

바타유는 서문에서 이렇게 서술했다.

"자기를 초월하는 무엇, 즉, 나의 의지에 반해서 자기를 초월하는 어떤 것이 존재하지 않는다면, 모든 어려움을 물리치고 그 존재를 끊어내기 위해, 우리가 전력을 다해 지향하고, 동시에 전력을 다해 배제하려는 무분별한 순간에 도달할 수 없다."

이 '무분별한 순간'이란 당연히, 신이 출현하는 무시무시한 순간이다.

"어쩌면 전율의 충만과 환희의 충만이 일치할 때, 우리 안의 존재는 이미 과잉한 형태로만 남아 있기 때문이다. (…) 과잉한 모습 말고 달리 진리의 의미를 생각할 수 있을까?"

즉 우리의 존재가 형태를 갖춘 과부족이 없는 상태로 유지될 수 있을 때 (그리스적 존재) 신은 출현하지 않고, 우리의 존재가 현실 세계에서 튀어나와 현실 세계에는 그저 히로시마의 원폭 투하 뒤 돌계단에 새겨진 사람 모습처럼 흔적만 남을 때 신이 출현한다는 바타유의 사고방식에는 기독교의 전형적인 사고방식이 잘 드러나 있다. 다만 그 순간에 도달하는 방법으로서 '에로티시즘과 고통'을 극도로 이용한 것이 바타유의 독자성이다.

「마담 에드와르다」는 아주 흔하고 평범한 호색한인 취객 '나'를 소개하는 간결한 한 구절로 시작된다. '화장실 계단으로 몰래 내려가는 창녀 둘'을 발견했을 때부터 육체적 욕구와 고뇌에 사로잡힌 '나'는 스탠드바를 몇 군데 돌며 술을 마시다 날이 저무는데, 이 모든 소개는 불과 여섯 줄이면 끝난다.

다음 한 구절로 이야기는 걷잡을 수 없이 흘러간다. 취객은 '내 사타구니와 밤의 냉기를 결합하고 싶은' 나머지, 거리에서 바지를 벗고 '불뚝 선 신체 기관을 한 손으로 쥐는' 것이다.

무슨 일이 벌어질까? 갑자기 이 세상의 규범은 '나'의 바지와 함께 흘러내려버린다. 이야기는 무서운 속도로 '나'를 사창가의 레 글라스로 데려가, 창녀인 마담 에드와르다를 만나게 한다.

그녀를 만취한 사람들과 성적 도발로 가득한 곳에서 데리고 나와서 함께 방으로 들어가 성교를 하기까지, 어지러운 나선계단을 뛰어오르는 듯한 서술에는 실로 프랑스적 간결함이 넘친다. 여자는 한쪽 다리를 들어 올리고 양손으로 허벅지의 살을 잡아당겨 그녀의 '분홍색의, 털북숭이의, 외설스러운 문어'를 과시한 후에 스스로 '신'이라 부르는데, 이 모든 서술에는 간략함과 속도와 밀도가 주는 **품격**이 있다. 품격이란 문학에 관한 한 허리를 꼿꼿이 펴고 있다는 자세의 문제에 불과하다. (나는 일찍이 엔치 후미코*가 노사카 아키유키**의 『포르노업자들エロ事師たち』을 품격이 있다는 한마디로 평한 재미있는 비평을 떠올린다) 그리고 난잡한 사

---

* 円地文子. 소설가, 극작가. 억압된 여성의 자아를 관능적으로 그렸다.
** 野坂昭如. 작가, 가수, 탤런트, 정치가. 전쟁의 비참함과 인간 내면을 그린 작품이 많다.

람들 사이에서 몸을 일으킨 마담 에드와르다가 '창녀의 방으로 들어가는' 의식은 비장하기까지 한 위엄과 웅장미가 있어, 장 주네Jean Genet가 더럽고 추한 것들을 아름답게 승화시키는 기법을 상기시킨다. 그것은 그야말로 '대관식'이다.

그리고 이 단편소설은 신의 존재 증명에 대한 매우 간결한 증언을 의도한 것인데, 전체 구조에는 '언제 신이 나타나, 언제 신의 존재가 증명되는가' 하는 스릴러 같은 서스펜스가 들어 있다. 그러기 위한 구성은 단막극처럼 주의 깊게 짜여 있는데, 앞부분에서 '내'가 마담 에드와르다와 만나서 자고, 알몸 위에 도미노를 걸치고 갑자기 외출하는 에드와르다를 뒤쫓을 때까지는 에드와르다가 스스로를 '신'이라 부르기는 하지만, '나'는 아직 강림 체험에 이르지 못하고 신의 존재 증명은 방치된 상태이다.

그런데 '공허하고 미칠 것 같은 밤하늘' 아래에서, 아치문 밑에 선 검은 옷차림의 에드와르다를 '내'가 볼 때, 이미 성적 해방을 통해 그녀로부터 풀려나 도취에서 벗어난 '나'는 에드와르다가 자칭한 것처럼 '신'이었음을 인식한다.

그러나 그것은 사실 이신론*적 신이며, 육체적 욕망에서 깨어난 이성에 의해 각성하며 도달한 데카르트적인 신이라고 해도 될 것이다. 이것은 말하자면, 이 능란한 소설가의 트

---

* 理神論. 비판적인 성서 연구와 계시 부정을 통해 그리스도교의 신앙 내용을 오로지 이성적인 진리에 한정시킨 합리주의 신학의 종교관.

력이다. 더구나 이 중간 부분에서 작가는 인적 없는 심야의 대도시에 가면을 쓴 검은 옷의 여자를 질주하게 해서, 앞부분과는 완전히 달리, 마치 거대한 사원 내부로 독자를 이끄는 듯한 신비한 분위기를 조성한다. 여기서 에드와르다는 갑자기 발작을 일으켜 몸부림치며 경련하는 하얀 나신을 어둠 속 하얀 균열처럼 '나'와 독자 앞에 드러낸다.

'나'는 보고 있다. 본다는 것의 허무함을 느끼며, '나'는 일종의 차가운 초조감 속에서 모래시계의 모래처럼 자신의 존재의 실체를 조금씩 대상에게로 이양하는 시간을 경험한다. 그녀는 신을 자칭했고 또 '나'는 신을 인식했다. 이제 신이 '보이기' 시작해야 한다. 언제 보일까. 이 절망과 고뇌, 그 전적인 육체적 표현인 에드와르다의 경련하는 흰 나체 앞에서, '나'는 존재의 충만과 존재의 과잉 사이의 균열에, 조금만 손가락을 뻗으면 닿을 것 같으면서도 아직 거기에 이르지 못한다.

그러나…

"나의 절망 속에서 무엇인가가 비약했다."

"열기에 말랐던 도취가 생겨나고 있었다."

다시 '도취'가 필요했던 거다!

이렇게 '나'는 지금까지 거의 수학적으로 기술했던 것과 달리, 일종의 착란에 빠져들면서 말이 소실되고 '글을 쓰는 나의 행위는 소용없다'고 몸부림치게 된다. 이런 언어에 관한 불가능성, 도달 불가능에 대한 주석은 소설이 단순히 옆으로 샌 것이 아니라, 이것이 뒷부분의 에로틱한 강림 체험의 복선을 이루고 있다.

뒷부분의 택시 장면에 이르러 소설은 진정한 클라이맥스를 맞는다. 택시 운전기사와의 성교 장면은 인간 존재의 가장 어두운 심연과 함께, 그곳에 생겨나는 깨끗하고 어슴푸레한 영역을 엿보게 하는 열 줄 정도에서, 바타유는 이때 소설가로서 한순간 사람의 눈을 멀게 할 만큼 충격적인 힘을 휘두른다.

이미 '신'이라는 말은 명백히 쓰이지 않는다. '나'는 자기 포기˚ 상태가 되어 보는 것조차 포기하고 '나의 고뇌와 발열은 대체 무엇이었단 말인가'라고 고백한다. 그러나 역시 그렇기 때문에 이때 신이 출현하고 '내'가 신을 본 것은 확실해지는 것이다.

「마담 에드와르다」는 굉장히 이상한 소설이라, 예를 들어 프로스페르 메리메Prosper Mérimée의 「마테오 팔코네」 같은 전형적인 고전적 단편소설을 기준으로 보면, 제멋대로에 허점투성이 작품처럼 생각되지만, 자세히 읽으면 거기에는 엄격한 고전적 구성이 숨겨져 있고, 숨 막힐 듯한 박력이 이러한 고전적 골격을 바탕에 두고 있음을 알 수 있다.

˚ self-abandonment. 하느님 뜻에 위탁하는 자기 포기.

7

조르주 바타유의 「내 어머니」는 「마담 에드와르다」와는 달리 프랑스풍의 고전적 심리소설 형식을 한 중편이다. 사실 형식만 다를 뿐이지 「내 어머니」를 통해 우리는 바타유가 이런 보편적인 소설가들이 쓰는 고전적 기법에 숙달된 작가라는 것을 알 수 있고, 그 기법만 가지고도 충분히 쓸 수 있는데도, 굳이 그 기법이 바탕을 둔 기반을 뿌리째 뒤흔드는 문제에만 흥미를 느꼈기에, 그 결과 작품을 많이 내지 않는 지극히 깐깐한 작가가 되었다는 것을 알 수 있다.

1906년 '내'가 열일곱 살 때 아버지가 돌아가시는데, 항상 만취 상태로 어머니를 힘들게 했던 아버지가 미워서, 반교권주의자였던 아버지에 대한 반항심에 한때 종교에 귀의할까 생각했던 '나'는 아버지 사후에, 자신이 숭배하는 신성한 어머니와 동거할 수 있다는 행복에 겨워 신부가 되기를 포기한다.

그때까지 소년의 눈에 어머니는 술과 여자와 노름에 빠져 신세를 망친 포학한 아버지의 슬프고 순결한 희생자이자, 자신을 항상 '잘생긴 애인'이라 불러주는 달콤하고 아름다운 존재여서, 소년은 기특하게도 어머니를 지키는 기사가 되려고 했다. 여기까지는 흔한 이야기인데, 간결한 발단은 수사修辭가 매우 절제되어 있으면서도 감미로움을 내포한 훌륭한 몇 문단으로 구성되어 있다.

슬픔으로 가득한 아름다운 어머니의 남모를 알코올 중독에 관해서는 아버지 생전에도 '나'는 깨닫고 있었는데, 아버지의 죽음을 계기로 어머니상은 완전히 바뀐다. 의외로 어머니는 자신이 아버지보다 훨씬 나쁜 존재라는 사실을 고백하는 것이다.

"어머니의 추악한 미소, 정신이 나간 미소는 불행의 미소였다."

뜻밖에도 '나'의 인생은 어른들의 배려로 '계획되어' 있었다.

"나중에 어머니는 나에게 아버지가 한 말을 털어놓았다. '모든 걸 내 탓으로 해.' 그게 아버지의 염원이었다. 내 눈에는 어머니가 완벽한 존재라는 사실을, 어떻게 해서라도 그 상태를 유지해야 한다는 사실을, 아버지는 알았던 거다."

진상은 서서히 드러난다. 어머니는 마지막에 독약을 먹고 죽는데, 유언처럼 남긴 말은 다음과 같다.

"나는 죽음의 한가운데서도 네게 사랑받고 싶어. 난 지금 이 순간, 죽음 한가운데에서 널 사랑해. 하지만 내가 재수 없는 여자라는 것을 안 후에, 그걸 알고도 사랑해주는 게 아니라면 네 사랑은 필요 없어."

도착倒錯과 광기 끝에 성스럽고 정신적인 모자 근친상간 장면으로 끝나는 이 이야기에 대한 감상은 독자에게 맡길 수밖에 없지만, 내가 이 작품을 읽고 최근 일본 소설에서 도저히 해소할 수 없었던 갈증을 해소할 수 있었던 것은 사실이었다.

어머니의 진상이 폭로됨에 따라서, 바타유의 펜 역시 지금까지의 온화하고 절도 있는 필치를 벗어나 차례차례 예리한 메스를 들이대며, 안정적으로 보였던 쾌적한 거실의 벽이 그저 마분지의 벽에 불과했음을 입증하기 위해 무례함의 극치를 다해 벽을 찢어간다.

"네 눈 속에서 난 경멸을 읽고 싶어, 경멸과 두려움을."

이것이 어머니의, 어머니로서의, 또 여자로서의 마지막 바람이었다. 사람을 타락하게 하는 것은 진리에 눈뜨게 하는 것이며, 그녀는 이미 진리 탐구자가 아니라 자신이 믿는 진리의 화신이어야만 하고, 요컨대 궁극적으로 '신'이어야만 한다. 아마도 이것이 바타유 소설의 근본적인 구조일 것이다. 나는 때때로 바타유 안에서 18세기 이신론자의 잔재를 읽을 수 있는데, 여기서도 '어머니'는 다음과 같이 말한다.

"타락할수록 내 이성은 점점 맑아져."

남에게(더구나 사랑하는 아들에게), 강림 체험을 겪게 하려는 진지한 사랑이란 무엇일까. 더구나 그녀는 본질적으로 사포^{Sappho}와 같은 부류이다.

우리가 소설을 읽는다는 것은 반은 관능적, 반은 지적 탐구적 체험이다. '어떻게 될까'라는 기대와 불안, '왜' '어째서' '누가'라는 의문 해결에 대한 희망, 이러한 소박한 독자의 욕구는 고상하든 저급하든 소설을 읽는 사람의 기본적 욕구라 봐도 좋다. 독일 교양소설 Bildungsroman은 일인칭으로 쓰는 경우가 많은데, 일인칭은 독자가 가장 감정이입을 하기 쉬운 인칭이므로, 일인칭을 사용해 독자와 주인공을 동일화시키고, 그 지적 탐구 욕구에 호소하면서 오랜 세월에 걸친 교양 형성의 경과를 불과 며칠 만에 맛보게 하려는 게 교양소설의 구조이다.

바타유의 소설은 흡사 그 반대 같아서 타락의 교양소설이라고 부를 만한데, 기본 구조는 아주 비슷하다. 즉 독자의 순수한 진리 탐구 욕구, 지적 분석 욕구, 자의식, 서정성, 성욕 등을 '내'가 대표하고, 본의 아니게 그러한 욕구의 필연적 결과로서 가장 맞닥뜨리고 싶지 않은 진상을 직면하고, 그 혐오와 전율을 겪어야 비로소 강림 체험을 하도록 설계된 소설이다.

그러면 '어머니'란 무엇일까. 어머니는 신에게 우리를 인도하는 유혹자이자, 신 자신이기도 한데, 자신이 구현할 최고 이성으로 사람을 다가오게 하는 통로가 관능의 통로밖에 없음을 잘 알고 있고, 더욱이 그 관능은 착란을 수반해야 한다. 그녀의 '사랑'은 잔혹하며 자신은 헤매지 않고 상대가 헤매도록 해서 멸망의 늪으로 향하게 해 상대가 관능적, 지적 욕구를 최대한 발현하도록 엄중히 요구하며 질타한다.

"너는 아직 나를 몰라. 나에게 도달하지 못했어."

타락한 어머니의 진상을 알고, 그 속에 휩쓸려 숨도 못 쉬는 아들에게 대답하며 어머니가 하는 이 말은 실로 신의 말씀이다.

그러나 다른 측면에서 보면, 신은 게으름뱅이며 침대에 몸을 누인 태평한 창녀. 일하고 노력하고 박살 나는 건 언제나 인간의 몫이다. 소설은 백주에 드러난 신의 엄청난 태만을 그대로 그려내지 못한다. 소설은 인간의 혼란스러움을 다룰 숙명을 타고난 장르다. 그리고 미미하게 신에 대해 그릴 수 있는 것은 인간(아들)의 어리석음에 대해 사랑과 지적 초조감이 섞인 절망의 조각뿐일 것이다. 신은 열대의 수렁에 자리 잡은 하마 같다.

"네 엄마는 수렁 속에서밖에 안정을 찾지 못해."

인간이 신을 거부하고 신을 부정하는 필사적인 외침이 사실은 '본심이 아니라는' 것을 바타유는 냉혹하게 지적한다. 그 '본심'이야말로 바타유의 '에로티시즘'의 핵심이며, 빈Wien의 저속한 정신분석학자 따위가 견줄 수 없는 에로티시즘의 심연을 우리에게 펼쳐 보여준 사람이야말로 바타유였다.

그러나 앞에서도 언급했듯이, 바타유는 이 에로틱한 형이상학적 소설에, 소설에 필요한 정교한 '심리적 절차'를 집어넣는 것을 결코 소홀히 하지 않았다. 죽은 아버지의 서재를 정리하는 일을 순진한 아들에게 맡겨 일부러 외설 사진을 발견하게 만들고, 아들의 혐오감을 예측하고,

"공유한 혐오감이 그녀를 착란의 경지까지 흥분시켰고, 어떤 형태로든 내게도 나누어주기 전까지 그녀는 도저히 안정을 찾을 수 없었다."

라고 설명할 때의 작가는, 한 사람의 심리소설가이다.

그 후에는 바로, 성난 파도처럼 몰아치는 상냥함, 서로가 공유한 비참함으로 넘치는 사랑, 일종의 잔혹함을 숨긴 감미로움이 꿀처럼 번진다.

그리고 모자 근친상간의 대단원을 진중하게 준비하면서, 작자는 일부러 그 후에 있을 어머니의 자살이라는 결말을 누설하고, 어머니의 자살이 결국 아들을 침대로 유인할 수밖에 없었던 사태에 대한 자책의 마음과 "나는 어머니에게 욕정을 느끼지 않았고, 그녀도 나에게 욕정을 느끼지 않았다"라는 절망감 때문인 것을 암시한다. 그런데 이것은 단순한 심리학적 분석이며 독자를 납득시키는 절차이다. 심리소설이라면 그것만으로 충분한데, 작가의 야심은 단순한 심리적 파국을 그리는 것이 아니었기에, 일부러 그러한 심리적 파국을 미리 독자에게 누설해서 결말을 알고 안심한 독자를 육체적 모자 근친상간보다도 더욱 두렵고 더욱 관능적으로 더욱 '타락'한 정신적 지적 모자 근친상간의 대단원(강림 체험으로서의)으로 밀어붙일 태세를 갖추는 것이다.

어머니 자신은 이렇게 말한다.

"지성의 쾌락이야말로 육체의 쾌락보다 불결하고, 훨씬

순수하고, 절대로 녹슬지 않는 칼날을 가진 유일한 거란다. 내 눈에 퇴폐는 그 눈부심에 목숨을 빼앗기는 정신의 검은 빛 같아 보여. 타락은 만물의 깊은 곳에 군림하는 정신의 암이야."

이 말이 앞에 인용한 "타락할수록 내 이성은 점점 맑아져"라는 문장으로 이어진다.

사포와 같은 부류인 그녀에게 '남자'란 무엇이었을까.

"남자는 결코 그녀의 마음을 차지하는 일 없이 그저 불타는 사막 속에서 그녀의 목마름을 달래기 위해서만 개입하고, 그 속에서 그녀는 불특정한 서먹한 존재의 조용한 아름다움이 그녀와 함께 오탁汚濁투성이가 되어 자멸하기를 바라고 있었을 것이다. 이 음탕한 왕국에 애정을 위한 땅이 있었을까. 복음서에도 나와 있듯이 그 왕국에서 착한 사람들은 추방되는 것이다. Violenti rapiunt illud(폭력을 쓰는 자들이 그것을 빼앗아간다). 그녀가 군림하는 격렬한 세계로 어머니는 내 운명을 이끌었다."

소설 「내 어머니」의 마지막에 나오는 어머니의 독백은 최고도의 긴장감이 넘치는데, 전체를 읽은 사람만이 깊은 감흥을 느낄 수 있는 이 독백을 나는 일부러 인용하지 않으려 한다.

8

마침 바타유의 「내 어머니」의 마지막에 나오는 훌륭한 독백의 소설적 효과를 다루었으니, 마치 고전극에서 막이 끝날 때 하는 대사가 관객을 최고도의 높이까지 올렸다가 단숨에 떨어뜨리는 것처럼 그것이 지극히 연극적 효과와 비슷하다고 언급해야 되겠지만, 그 효과는 독백이라는 형식의 고전적 성격에 기인하기도 하고, 바타유라는 프랑스 소설가의 프랑스적 성격에 기인하기도 하므로 소설의 최고의 효과와 연극의 최고의 효과가 항상 공통적이지는 않다.

사실 공통적이지 않고 오히려 반대이다.

이것은 대화의 성질을 생각해보면 알 수 있다. 많은 사실적 소설은 열변을 토하는 대화를 피하고, 대화는 오히려 묘사 사이에 숨 돌리기, 사실의 맛 내기로 이용되고 있다. 그러나 희곡에서는 아무리 사실적인 희곡이라도 한 줄 한 줄의 대화가 말하자면 입체적인 기둥이고, 대화가 줄 지어선 기둥 모양으로 배열되어 있다는 사실을 주의 깊은 독자는 알아차릴 것이다. 그곳에 등장하는 몇 명의 인물을 희곡적으로 소설적으로 파악해보고 어떤 차이가 있는지 생각해보면 바로 알 수 있다.

희곡에서는 말하지 않을 때도 인물은 무대 위에 있고, 관객의 눈에 보인다는 것이 전제된다. 가령 단역이라도 그 사람이 좋아하는 배우라면 관객은 주역에게 눈길도 주지 않고 그 단역의 일거수일투족을 눈으로 좇을 자유와 권리가 있다. 그리고 한 배역의 대사가 예를 들어 한 막에 25개 있다고 치면, 그 배우는 그 25개의 대사에 자기표현의 성패를 걸게 되고, 희곡 독자 역시 그 인물을 마음속으로 형상화하려면 그 인물이 20줄 전에 무슨 말을 했는지 끊임없이 환기하고 있어야 한다. 따라서 대화는 아무리 원활하게 주고받기가 되고 있어도, 그 하나하나가 개별 인물의 전체 성격을 끊임없이 등 뒤에 짊어지고 있으므로, 나는 이것을 줄 지어선 기둥 모양이라고 표현했다. 더 정확하게 말하자면, 빨강, 노랑, 초록 세 가지 색으로 인물을 구분하면, 그 세 가지 색으로 칠해진 기둥이 교대로 늘어서 있다고 상상하면 된다.

이에 비해 소설에서는 말하지 않을 때의 인물도, 내면묘사를 통해 끊임없이 존재하게 할 수 있다. 말하는 것만 자기표현이나 성격 표현의 주요 요소가 아니기 때문이다. 대화는 오히려 그 인물의 전체적 표현이 아닌 경우가 많고, 이 사실은 내적 독백의 입체화라고 할 만한 사소설에서 극명히 드러난다. 소설에서의 대화는 토마스 만의 『마의 산 Der Zauberberg』이나 도스토옙스키의 『카라마조프가의 형제들』처럼 사상적 논쟁을 하는 소설을 제외하면, 암시적 효과나 분위기 조성을 위해 사용되는 일이 많고, 그런 감칠맛 나는 기교는 단편소설의 경우 특히 유용하다.

아쿠타가와 류노스케의 「장군」 말미의 대화는 이런 멋스러운 맛으로서 달리 비할 데가 없다.

"소장은 발을 뻗은 채 신이 나서 말을 돌렸다.

'또 모과가 떨어지지 않아야 할 텐데요….'"

그러나 일본 문학은 토마스 만이나 도스토옙스키처럼 이념의 충돌이 인물의 충돌로 그려지는 낭만주의, 관념주의 전통이 없으므로, 소설 속의 대화가 사상을 표명하는 수단으로 이용되는 일이 적다. 사상싸움으로 사용되는 길고 무거운 대화는 상연을 목적으로 한 희곡처럼 관객의 주의력 집중의 한계를 걱정하지 않아도 되기 때문에, 소설의 큰 무기가 되며, 서양에서는 희곡이라 할 수 없는 대화 형식의 문학작품이 많이 나오게 되었다. 고비노 백작*의 『르네상스 La Renaissance』 등은 그 뛰어난 예이다. 또 『카라마조프가의 형제들』의 원작에서 대화만 재편집해서 파리에서 상영한 예도 있었다.

이것은 첫째로 그리스 이래로 발전한 아고라의 변론술과 상류사회 살롱의 대화 등, 추상적 논쟁 그 자체를 즐기는 사회 전통과 관련이 있으므로, 유럽의 연극이 이 전통 위에 있다면 소설 역시 이 전통의 혜택을 받지 않았을 리가 없다. 위에서 언급했듯이, 사실주의 소설과 사실주의 희곡 사이에 있는 방법상 이념상의 구별은 아직 소설 형식이 발달하지 않았던 18세기에는 뚜렷하지 않았다. 18세기 프랑스 문학에서

---

* J. A. de Gobineau. 프랑스의 동양학자, 인류학자, 외교관, 소설가.

는 소설의 대화와 희곡의 대화 사이에 본질적 의미 효과의 차이는 없다고 해도 될 것이다.

그러나 이대로 일본으로 들여오면, 눈 뜨고 못 볼 끔찍한 결과가 벌어진다. 나는 『아름다운 별美しい星』에서 그것을 실험해보았는데 성공했다고는 하기 어렵다. 논쟁을 소설로 만든 예로 오래된 것으로는 『겐지 이야기』의 「비 오는 밤의 품평회」부터, 에도 말기의 샤레본,* 메이지 시대 초기의 쓰보우치 쇼요**의 『당세서생기질當世書生氣質』이나 두세 편의 정치소설 등에 그 편린이 보이지만, 그 후 일본의 근대소설은 외국인들이 대화소설Conversation Novel이라 불렀던 다니자키 준이치로의 『세설細雪』을 포함해서, 논쟁을 소설에 도입하기를 포기해버리고 사실적 대화만이 소설의 대화로 적합하다는 일종의 문학적 관례를 만들고 말았다. 물론 몇몇 예외도 있지만, 그 예외만 보더라도 요코미쓰 리이치横光利一의 『여수旅愁』처럼,

"그럼, 당신들은 과학과 도덕 중에 뭐가 좋다고 생각하십니까?"

이렇게 닭살이 돋는 괴기한 대화가 등장한다.

문제를 정리하자. 일본어에서는 추상어 자체에 생활 전통과 배경이 결여되어 있으므로, 오히려 대화에서 추상어를 남

---

* 洒落本. 화류계에서의 놀이와 익살을 묘사한 풍속 소설책.
** 坪內逍遙. 일본의 소설가, 극작가, 평론가, 영문학자. 일본 최초의 근대 문학 이론가로서 사실주의 문학을 개척했다.

발하면(논쟁에는 추상어 사용이 불가피하다), 풍자 효과를 노린다면 모를까, 그럴 의도가 없더라도 대화만으로 근대도시에 사는 불안한 지식인 같은 전형적인 이미지를 연상시킨다. 따라서 그런 부류의 냄새를 피하고, 그렇게 이미지가 한정되는 것을 피하면서 추상적 논쟁의 대화를 작품 속으로 가져오기는 매우 어렵다. 특히 여성을 추상적 논쟁에 참여시키는 일은 그 여성의 이미지 자체를 특수화하는 일이며, 화장, 머리 모양, 복장, 얼굴 생김새까지, 매우 특수하고 심지어 결코 아름답지 않은 여성의 이미지를 환기시키고 만다. 물론 이런 것은 사회의 변화와 함께 달라질 것이다. 그러나 주제의 보편화를 의도한 추상적 대화는 오히려 소설을 어느 특수한 지식인 사회집단의 간접적 스케치에 가깝게 만들어 버린다.

이렇게 일본어의 대화는 가능한 한 추상어와 관념어를 피하고 감정이나 심리에 대해서도 가능한 한 분석적 표현을 피해 암시 정도만 하는 것이 무난하다는 얘기가 된다. 특히 소설은 연극과 달리 배우의 신체가 주는 확실한 존재감의 도움을 얻을 수 없기 때문에, 대화가 신체를 잠식할 우려에 끊임없이 노출되어 있다. 그리고 근대소설이 진화하면서, 독자들도 소설 지문의 분석성, 관념성, 추상성에는 일본어가 허용하는 한계점까지 익숙해졌지만, 이로 인해 오히려 대화 부분에 사실성, 구체성, 관능성이 필요해져서, 조금의 부자연스러움도 허용하지 않게 되었다고 할 수 있을 것이다. 독자의 감각적 이질감을 교묘히 속이면서 주제를 펼치는 기법은 일본 근대소설가 대부분이 가진 사기꾼적 재주이다.

그리고 일본어의 또 다른 특성은 경어를 구분해서 사용하며 인물을 다르게 표현한 『겐지 이야기』만큼은 아니더라도, 경어로 계급과 신분 차이를, 남성어와 여성어로 성별을, 다른 설명 없이 여실히 표현할 수 있다는 이점을 가진 점이다. 물론 소설가는 이런 이점을 마음껏 이용한다. 이 때문에 외국 소설처럼 일일이 '그가 말했다' '그녀가 말했다'를 반복하지 않아도, 남녀의 대화를 금방 구별할 수 있는데, 이러한 장점이 앞에서 언급한 대등한 논쟁 표현의 어려움과 동전의 양면인 건 분명하다.

나는 소설 속 대화를 일종의 필요악이라 생각하고 포기하기로 했다. 그것은 질서정연한 지문의 서술에 비해, 수업 중에 한눈을 파는 학생처럼 어떤 꺼림직한 안식과 즉흥적 서정을 불러온다. 아무리 심각한 대화라도 지문과 비교하면, 영혼의 무게감이 가벼운 느낌이 드는 것은 단순히 내가 일본인이기 때문일지도 모른다. 대화에서는 도저히 경박한 성질을 완전히 제거할 수 없는 것처럼 느껴지는 이유는, 가장 중요한 일은 입 밖으로 소리 내어 말하지 않는다는 일본의 문화 전통 탓일 수 있다. 내 소설의 인물들은 말을 많이 하지 않는데, 내 희곡의 인물들은 더할 수 없이 수다쟁이다. 그것은 부자연스럽다는 것을 알고도, 환경 설명, 심리 묘사, 자연 묘사 등, 소설의 지문에 해당하는 부분을 모두 대사로 담으려고 하는 나의 독특한 작극법作劇法 때문이다.

물론 소설의 극적인 클라이맥스에서 열띤 대화가 중요한 역할을 하는 일도 있다. 그러나 단순한 대화의 나열은 언제나 내게 소설의 클라이맥스로서는 다소 농도가 부족하게 느껴진다. 나는 고삐를 당겨 대화 하나하나의 현실감을 뒷받침하기 위해 표정이나 심리 변화나 정경 묘사로 점철한다. 그럴 여유가 없을 만큼 장면이 긴박하면 긴박할수록, 그런 삽입이 신기한 효과를 발휘하는 게 바로 소설이며, 이 철저히 객관적인 예술에서는 등장인물이 어떤 감정의 폭풍 한가운데 있더라도 작가가 냉정함을 잃지 않았다는 증거를 독자가 요구하기 때문이다. 이 요구를 너무 무시하면, 작가 자신이 도취된 것이 아닌지 의심받고, 이 의혹은 즉시 독자를 도취 상태에서 깨어나게 한다.

이에 비해 희곡의 클라이맥스에서는 어떠한 묘사도 의무적으로 하지 않아도 된다. 희곡에서는 서막이 가장 골치 아프다. 대단원이나 대단원에 가까운 부분에서, 드디어 프로타고니스트*와 안타고니스트**의 대결이 시작되면, 항상 경험하는 일이지만, 나의 펜은 대개 심령술에서 사용하는 자동글쓰기***처럼, 사고가 펜을 쫓아가지 못할 정도로 펜이 질주한다. 왜냐하면 기다리고 기다리던 클라이맥스에 오면, 서로 대치하는 두 등장인물은 나의 내부에서 완전히 서로 대립하는 두 개의 인격이 되어 움직이기 시작하고, 나의 펜은 그 엄청난 '언어의 결투'를 그저 숨을 몰아쉬며 쫓아갈 수밖에 없기 때문이다.

9

현대소설은 읽을 만큼 읽고 있긴 하지만, 사실은 '감탄이 절로 나온다'고 할 만큼 감격을 맛보지 못하게 된 건 내 감수성이 메말랐기 때문일 것이다. 문학상을 몇 개나 심사하면서, 여전히 소설을 읽는 것이 세끼 밥보다 좋다고 하는 사람이 있다면 그 사람은 틀림없이 괴물일 것이다.

그렇다고 내가 소설이 싫어졌나 하면 그렇다고 할 수는 없다. 여전히 나는 '소설'을 탐구하고 있기 때문이다. 평론을 읽든 역사를 읽든 내가 소설을 탐구하고 있다는 사실에는 변함이 없고, 그 점은 법률 강의를 들으면서도 열심히 '소설'을 탐구하던 학창 시절의 나와 지금의 내가 다르지 않다.

새 책을 찾아가며 읽기보다는 옛날에 감명을 받았던 책을 다시 읽고 예전에 깨닫지 못했던 '소설'을 풍부하게 발견하는 일이 있다. 그저 '소설'이라고 추상적으로만 말하면 영영

---

* protagonist. 연극, 영화, 소설 등에서 사건의 중심이 되는 인물, 주인공.
** antagonist. 작품에서 주인공에 대립적이거나 적대적인 관계를 맺는 인물.
*** automatic writing. 글쓴이의 의식적 사고를 벗어나 무의식적 생각의 힘을 따라가는 글쓰기의 과정.

애매할 테니, 단적인 예를 들어보겠다.

나는 최근에 그런 나 자신의 즐거움만을 위한 독서로서, 야나기타 구니오柳田國男의 명저 『도노 이야기遠野物語』를 다시 읽었다. 1910년에 초판이 나온 책으로, 리쿠추陸中*의 가미헤이군上閉伊郡의 산골 취락 도노 마을의 민속을 탐방한 내용을 정리한 결과물이다. 전체가 자유로운 문어체로 쓰였는데, 특히 서문은 명문 중의 명문이다. 이 서문에 대해서는 나중에 다루기로 하고, 내가 예로 들고 싶은 것은 제22화의 다음과 같은 에피소드이다.

"사사키 씨의 증조모가 늙어 돌아가셨을 때, 입관하고 친척들이 모여 그날 밤은 모두 함께 큰 방에서 잠을 잤다. 정신이 온전치 못해 절연했던 망자의 딸도 그중에 있었다. 상중에는 불씨를 꺼뜨리지 않는 것이 풍습이라, 할머니와 어머니 두 사람만 큰 화로 양쪽에 앉아, 어머니는 숯 바구니를 옆에 놓고 가끔 숯을 넣고 있었는데, 문득 뒷문 쪽에서 발소리를 내며 오는 사람이 있어 쳐다보니, 돌아가신 할머니셨다. 평소 허리가 굽어 끌리는 옷자락을 삼각형으로 걷어 올려 앞섶에 바느질로 고정했는데, 생시와 똑같고 옷의 줄무늬도 본 기억이 있었다. 놀랄 새도 없이, 두 여자가 앉아 있는 화로 옆을 스쳐 지나는데 옷자락이 숯 바구니를 건드리는 바람에

---

* 현재 일본 이와테현의 대부분과 아키타현 일부.

둥근 숯 바구니가 빙글빙글 돌아갔다. 어머니는 마음이 강한 사람이라 몸을 돌려 그 뒷모습을 바라보니, 친척들이 자는 방 쪽으로 다가가나 했는데, 그 정신이 온전치 못한 여자가 소란스럽게 할머니가 왔다며 소리쳤다. 다른 사람들은 그 소리에 잠이 깨서 놀라 자빠졌다고 한다."

이 중에서 내가 '아, 여기에 소설이 있구나'라고 감탄한 것은 '옷자락이 숯 바구니를 건드리는 바람에 둥근 숯 바구니가 빙글빙글 돌아갔다'라는 대목이다.

이 부분이 이 짧은 괴기담의 초점이자 일상성과 괴기성 사이의 의심할 여지 없는 접점이다. 이 한 줄 덕분에, 불과 한 쪽짜리 이야기가, 원고지 백 장, 이백 장짜리 시시한 소설보다 훨씬 훌륭한 소설이 되었고, 사람의 마음에 영원히 잊지 못할 인상을 남기는 것이다.

이런 효과는 분석하고 설명해도 소용이 없지만, 일단 현대적 습관에 따라 분석을 시도해보기로 하자.

장례식 밤에 나타난 유령은 철저히 일상성을 확보하고 있어서, 평소 허리가 굽어서 질질 끌리는 옷자락을 삼각형으로 꿰매 붙인 채로, 본 기억이 있는 줄무늬 옷을 입고 등장하므로 그 동일성이 즉시 확인된다. 여기까지는 흔히 있는 유령 이야기이다. 사람들은 죽었다는 사실을 알기 때문에, 그때 이미 있을 수 없는 일이 일어났다는 것이 확인되었다. 즉 관 안에 움직이지 않는 시체가 있다는 사실과 뒷문으로 동일인이 들어왔다는 사실은 완전히 모순되기 때문이다. 두 종류의 양립하지 않는 현실이 병존할 수는 없으니, 한쪽이 현실이라면 다른 한쪽은 초현실 또는 비현실이어야 한다. 그때 사람들은 눈앞에서 보고 있는 것이 유령이라는 인식에 전율하면서 동시에 초현실이 현실을 침범할 수 없다는 다른 인식을 유지하고 있다. 이것은 우리가 꾸는 꿈의 체험과 비슷하며, 하나의 초현실을 수용할 때 반대로 자기방어 기능이 작동해서, 내가 속한 현실을 확보해두고 싶다는 욕구가 높아지는 것이다. 눈앞에서 걸어가는 것은 분명히 증조모의 망령이었다. 인정하고 싶지 않지만 나타난 이상 어쩔 수가 없다. 적어도 그것이 환상이었으면 좋겠다. 환각은 반드시 인식에 있어서 모욕은 아니기 때문이다. 우리는 술을 마심으로써 기꺼이 그것을 불러오기까지 하니까.

그러나 '옷자락이 숯 바구니를 건드리는 바람에 둥근 숯 바구니가 빙글빙글 돌아갔다'는 건 말이 안 된다. 이 순간 우리의 현실이 완전히 뒤흔들린 것이다.

즉 이야기는 이때 제2단계로 접어든다. 망령의 출현 단계에서는 현실과 초현실이 병존하고 있다. 그러나 숯 바구니가 회전하면서 초현실이 현실을 침범하면서 환각이라 여길 가능성은 사라졌고, 여기서 인식 세계가 역전하며 유령이 더 '현실'이 되고 말았기 때문이다. 유령이 우리의 현실 세계의 물리법칙에 따라 단순한 무기물에 불과한 숯 바구니에 물리적 힘을 가해버린 이상, 모든 것이 주관에서 비롯됐다는 한때의 위안은 이미 허용되지 않는다. 이렇게 유령의 실재는 증명된 것이다.

그 원인은 어디까지나 숯 바구니의 회전이다. 숯 바구니가 '빙글빙글' 돌지 않았다면 이런 상황은 일어나지 않았을 것이다. 숯 바구니는 말하자면 현실이 전위轉位되는 경첩 같은 것이라, 이 경첩이 없으면 우리는 고작 '현실과 초현실의 병존 상태'까지밖에 도달할 수 없다. 그보다 앞으로 다시 한 발 나아가려면(이 한걸음이야말로 본질적인 것인데), 무조건 숯 바구니가 돌아야 했던 것이다. 더구나 이 효과가 전적으로 '언어'에 있다는 것은 놀라운 점이다. 무대의 소품인 숯 바구니로는 가령 그 장치가 아무리 교묘하더라도 이 에피소드의 숯 바구니 같은 확고한 일상성을 가질 수가 없다. 짧은 서술의 이면에까지 침투한 일상성이 이 사소한 집기의 회전을 진정으로 의미 있게 만들었고, 더구나 『도노 이야기』에서는 '언어' 이외의 어떠한 질료도 사용되지 않았던 것이다.

내가 '소설'이라 부르는 것은 이런 것이다. 소설이 원래 '그럴듯함verisimilitude'의 필요에서 나온 장르인 이상, 거기에는 이러한 현실을 뒤흔듦으로써 유령(즉 언어)을 현실화하는 근원적인 힘을 갖고 있어야 한다. 그리고 그 힘은 장황한 서술에서 생기는 것이 아니고 이런 한 줄에 압축되어 있으면 충분하다.

우에다 아키나리上田秋成의 「시라미네白峯」*에서 스토쿠 천황이 등장할 때

"엔이,** 엔이라 부르는 소리가 났다."

라는 한 줄도 여기에 해당한다. 그때 숯 바구니는 돌고 있다.

하지만 수많은 소설 중에서 말만 소설이지 몇백 장을 읽어도 결코 숯 바구니가 돌지 않는 작품이 얼마나 많은지. 숯 바구니가 돌지 않는 한, 그것을 소설이라 부르는 건 사실 불가능하다. 소설의 엄밀한 정의는 실로 이 숯 바구니가 도느냐 돌지 않느냐에 달려 있다고도 할 수 있다.

그리고 야나기타 구니오 선생이 채록했다는 이 에피소드는 분명 소설이다.

『도노 이야기』에서 소설이 발견되는 것은 제22화에 그치지 않는다.

제11화의 며느리와 사이가 좋지 않은 어머니를 죽이는 아들의 이야기는 프로스페르 메리메도 한 수 위로 인정할 만한 박력과 간결함의 극치를 보여준다. 이 한 편을 충분히 음미해서 읽는다면 소설이 무엇인지 알 수 있을 것이다. 거기에는 피붙이에 대한 애증이 한마디의 심리 설명도 없이 절

---

* 설화집 『우게쓰 이야기(雨月物語)』의 9편의 이야기 중 하나로, 승려 시인 사이교가 스토쿠 상황의 무덤에 참배하면서 일어나는 일을 다루고 있다.
** 헤이안 시대에 활동한 사이교(西行)의 법명.

절히 그려지고, 어머니와 아내와 아들이라는 두 성별의 가장 단순화된 원시적 삼각관계 속에서, 모친을 살해할 낫을 계속 갈며 저녁에 이르는 긴 시간 경과를 압축적으로 보여주며, 가장 흉포한, 그러나 불가피한 인간 비극의 카타스트로피Catastrophe로 단숨에 밀어붙인다. 아무런 논리적인 구성도 의도되지 않았음에도, 그 필연성이 만들어내는 힘은 압도적이다. 외면하고 싶을 만큼 엄청난 인류 파괴가 실은 끈끈한 인류에 의해 일어나고 있는 것이다.

이건 그저 야나기타 선생이 산촌에서 들은 내용을 기록한 것에 불과하지 않냐고 말하는 사람도 있을 것이다. 소설에서 고백밖에 찾지 않는 사람은 언어 표현이 사람에게 강권하는 내적 체험이라는 것을 경시하고 있는 것이다. 특별히 소설로 의도한 것은 아닌 야나기타 선생의 청취 기록이 이토록 훌륭한 소설일 수 있는 이유는 그의 언어 표현력의 일종의 신들린 것 같은 강인함, 응축력, 간단히 말해 바로 문장의 힘 때문이다.

단순히 감성이 뒷받침된 기행문으로서도 『도노 이야기』의 서문은 이러한 그의 문장력을 증명하는 명문이다. 이 서문의 무심한 듯한 정경 묘사는 『도노 이야기』 전체의 시작으로서 비할 데 없이 훌륭하며, 역사에 뒤처진 한 산간 마을에 전해 내려오는 인간 삶의 공포를 집대성한 『도노 이야기』는 서문에 묘사된 풍경을 거쳐서 읽을 때, 일종의 서글픈 정서가 커진다. 그것은 비애감을 넘어서, 그의 문장의 견고한 무심함 때문인데, 거의 잔혹하게 느껴질 정도이다.

한촌의 작은 인간 집단이기에 더욱 농밀하고 불가피하게 설정된 인간존재의 '문제성'을 간접적으로 표현한 설화를 집대성한 후, 그 참혹한 성과를 보여주면서 그가 다음과 같은 아름다운 서문을 쓴 심정에 생각이 미치면 좋겠다.

"덴진산에는 축제가 있고 사자춤이 있다. 이곳만은 먼지가 가볍게 일어 붉은 것이 조금 반짝거리는데, 마을의 녹음과 대비되어 아름답게 보인다. 사자춤이라는 것은 사실 사슴춤이다. (…) 피리 가락은 높고 노랫소리는 낮아 곁에 있어도 잘 들리지 않는다. 날은 저물고 바람이 불어 술에 취해 사람을 부르는 소리도 쓸쓸하고 여자는 웃고 아이는 뛰어다니는데 나그네의 시름은 깊어만 갔다."

10

내가 이렇게 누누이 소설론을 펼치지만, 당연히 그건 어디까지나 '나의 소설론'일 뿐이다.

아쿠타가와상 같은 신인 작품을 심사할 때 하나같이 만만치 않은 열한 명의 소설가가 늘어앉으면, 소설관이 다양한 것에 놀라고 더구나 각 심사위원이 한 사람 한 사람 오랜 경험과 감으로,

"이건 소설이 아니다."

"이건 소설이다."

라며 거의 독단적인 확신을 품고 있는 것에 경탄하게 된다. 또 서로 문학적 성향이 비슷하다고 생각했던 두 작가가 한 후보 작품에 대해 극단적으로 호불호의 차이를 보이는가 하면, 서로 자질도 성향도 완전히 이질적이라고 생각하던 두 작가가 하나의 후보 작품에 대해 놀랄 만큼 의견이 일치하는 일도 있다. 열한 명의 심사위원이 열 편의 후보작을 심사해서, 비록 마지막에는 기계적으로 다수결로 정하게 된다고 해도, 한 편의 당선작을 골라내는 과정은 신비롭다고 할 수밖에 없다.

물론 '소설이란 무엇인가'라는 기준적 전형적인 개념과, 좋아하는 소설, 싫어하는 소설이라는 지극히 주관적 취향이나 감각의 선택은 종종 애매하고 혼동된다. 그러나 한편으로는 취향적 감각적으로 싫은 소설이라도 자신의 감각을 거스르기까지 하면서 객관적인 비평 기준을 적용하려는 양심적 노력은 충분히 기울이고 있다고 믿는다. 그것이 종종 엉뚱한 노력이라 하더라도.

소설의 상이라는 게 당선작이 후보작 중에서 최상의 작품이었다고는 말하기 어렵지만, 심사위원 소설가들을 '소설이란 무엇인가'라는 원론적 사고로 잠시 되돌아가게 하는 것만으로도 유익한 사업이라고 할 만하다.

예를 들어 미숙한 신인의 작품이더라도, 한 사람의 성숙한 작가가 심사위원으로서 작품을 마주할 때는 심리적으로 고려할 것이 많아 골치가 아프다.

"첫머리가 왜 이렇게 서툴까. 지리적 관계도 인간관계도 아무것도 알 수가 없잖아. …뭐, 그래그래, 조금 있으면 재미있어지겠지. 그런데 그렇다 쳐도 문장이 너무 안 좋네. 요즘 젊은 사람은 소설을 쓰는데 문장 같은 건 아무래도 좋다고 생각하는 건가. …말도 안 되는 허튼소리를 무심코 읽게 되는 건 문장력 때문인데. …아이고 이런, 여자가 나왔네. 나오자마자 여자가 거슬리는 소리를 하네. 여자한테 이런 말을 하게 하면 안 되지. 이러면 이미지가 엉망이 되는 거야. 게다가 주인공은 여자의 그런 싫은 면을 알아차리지 못하고 반해버리는데, 그건 그렇다 쳐도, 작가까지 이런 여자를 긍정하고 있는 것 같은데, 이건 풋내기라도 이만저만이 아니야. …오호, 이번에는 무슨 칵테일파티 장면 같은데. 이런, 세련된 대화인 줄 아나 본데 시골 양재학원에서나 할 만한 대화잖아. 태생을 알겠다. …자세히 읽어보니 그런 경박한 대화를 풍자라고 쓴 모양인데, 풍자랍시고 콧대나 세우는 작가 자신의 수준이 똑같다는 걸 알겠군. …좀 더 모멸을! 좀 더 모멸을! 모멸이 부족해. 소시민을 그리면서 한시라도 모멸의 터치를 잊으면 안 되지. 도대체 플로베르를 읽어는 봤나 모르겠네? …오호, 이번에는 풍경 묘사를 하는군. 바다인가. 바닷물 냄새가 거의 나지 않잖아. 말을 많이 하면 할수록, 겉만 그럴싸하고 실속이 없어지잖아. …그래, 그래. 오토바이 탄 불량배가 나왔네. 이 녀석들의 대화는 조금 재밌군. 어? 이런 식으로 여자를 놀린다고? 예전 같으면 상상이 안 되는 일이군. 과연. 역시 말도 이렇게 기관총처럼 사용하면, 역동감이 생기네. 이건 흉내도 못 내겠군. …이런 이런, 복선도 넣지 않고 이렇게 돌발적으로 사건을 일으키면, 단편 분량으로 어떻게 처리할 생각이지? 애초에 이걸 쓰고 싶었으면 서론이 너무 길고 마무리가 안 될 걸 알았을 텐데. 멍청하긴. 그것도 모르나? …이런, 이런, 이런, …어이쿠. 이 결말은 완전히 실패. 이제 이 소설은 글렀다."

한 작품을 읽는 심사위원의 내적 독백은 대강 이런 것이다. 이건 그래도 자기 자신에게 충실한 편인데, 남들을 의식하면 '고루하게' 보일까 봐, 또 '새것을 좋아하는 사람'처럼 보일까 봐, '완고하게' 보일까 봐, 또 '타협적'이라 보일까 봐, 심리적 갈등으로 녹초가 되는 사람도 있을 것이다.

그러나 어쨌든 주민자치회의 임원들은 축제 가마가 쉬어가는 곳에 진을 치고 겉으로는 싱글벙글하면서, 매년 가마를 지는 게 서툴러지고 격이 떨어졌다고 생각하면서 가마 행차를 배웅하는 것이다.

"쳇. 내가 젊었을 때는 훨씬 잘, 훨씬 멋있게 멨었는데 말이야."

하지만 난처하게도 소설은 가마가 아니고, 소설에는 형식도 격식도 없다.

그래도 '이것이 소설이다'라는 게 있을 것이다, 진정한 소설이라면 반드시 한 군데라도 숯 바구니가 도는 부분이 있을 거라는 기대는 어느 심사위원의 가슴에나 있다. 그리고 어린아이다운 희망이 아직 사라지지 않고 남아 있어서, 열 한 명이 하나 같이, 천재의 주옥같은 글 앞에 넙죽 엎드리고 싶은 마음을 갖고 있다.

내가 오랜 세월 이런 유의 심사에 관여하면서, 단 한 번, 육필원고로 읽고 전율을 경험한 건, 후카자와 시치로深澤七郎의 「나라야마 부시코楢山節考」를 접했을 때이다. 주오코론中央公論 신인상은 400자 원고지 백 장 이상의 중편을 육필원고로 열 편 이상 읽어야 하니, 결코 편한 심사는 아니다. 몇 개의 후보작에 완전히 진절머리가 난 후에, 잊히지도 않는 어느 깊은 밤 고타쓰에 발을 집어넣고, 그 별로 아름답지 않은 손글씨 원고를 읽기 시작했다. 처음에는 이야기의 전개가 다소 느슨해서, 깔보며 읽고 있었는데, 다섯 장을 읽고 열 장을 읽는 동안에 심상치 않은 예감이 들기 시작했다. 그리고 그 처절한 클라이맥스까지 쉬지 않고 다 읽고, 반박의 여지 없는 걸작을 발견했다는 감동을 받았다.

그러나 그건 불쾌한 걸작이었다. 뭔가 우리의 미와 질서에 대한 근본적인 욕구를 비웃고, 우리가 '인간성'이라 부르는 일종의 합의와 약속을 짓밟고, 평소에는 바깥 공기에 노출되지 않는 내장의 감각이 갑자기 공기에 노출된 듯한 느낌을 주고, 숭고함과 보잘것없음이 고의로 뒤죽박죽되어, '비극'을 경멸하고, 이성도 정념도 모두 무의미해지고, 읽고 나면 이 세상에 기댈 게 무엇 하나 남지 않은 것처럼 느껴지게 하는 것을 내포하고 있는 불쾌한 걸작이었다. 지금도 여전한 후카자와의 작품에 대한 나의 공포는 「나라야마 부시코」의 이 최초의 독후감에서 비롯했다.

문학에서 그런 걸작이란 무엇일까. 나는 그 후에 다시 한 번 이런 체험을 한 적이 있는데, 아서 클라크$^{Arthur\ C.\ Clarke}$의 SF 『유년기의 끝$^{Childhood's\ End}$』을 읽었을 때였다. 클라크의 이 작품은 내가 읽은 대략 백여 권의 SF 소설 중에서 거리낌 없이 최고 걸작이라 부를 수 있는데, 『유년기의 끝』은 철두철미하게 지적인 작품인 점에서 「나라야마 부시코」와는 완전히 대척점에 있으면서도, 형언할 수 없는 독후감의 불쾌감은 공통되어 있다.

SF를 좋아하지 않는 독자에게는 줄거리가 재미없겠지만, 어느 날 지구 상공에 대규모 우주선 무리가 나타나, 인류의 세계국가* 건설과 전쟁의 근절을 촉구하는데, 그 의도는 지극히 인간중심의 이상주의를 실현하는 것이었고, 보이지 않는 절대자가 우주선 안에서 지구를 간접적으로 지배하기에

---

* 세계 전체를 단일 정부하에 통일하여 전 인류가 한 국민이 되는 이상적 국가.

이른다. 아무도 본 적이 없는 그 절대자가 오십 년 뒤 모습을 드러내는데, 그것은 인간의 전설에 나오는 날개를 가진 악마와 똑같은 모습이다. 악마 전설은 오랜 옛날 이 우주인의 모습을 엿본 인류가, 인류의 적이라 생각하고 형상화해 전승시킨 것이며, 절대자는 이 모습을 본 인류가 오해하는 게 두려워, 오십 년이란 세월 동안, 인류의 집합적 무의식이 퇴화하고 문화와 종교가 소멸되는 걸 기다렸다가 본모습을 드러낸 것이었다.

인류의 역사 자체를 유년기라 생각하고, 다시 성인이 될 때의 가열한 성인식을 드라마로 구성한 이 소설의 줄거리를 전부 다 소개할 여유는 없지만, 절대자가 악마의 모습으로 나타날 때, 이 지적인 구축성 뛰어난 SF에서 독자는 한순간 엄청난 아이디어라고 생각할 수 있지만, 생각하다 보면, 거기에 너무나 불쾌한 아이러니가 담겨 있는 것을 알 수 있다. 크리스트교 신자가 이 소설을 읽은 때의 불쾌감이 충분히 헤아려진다.

우리는 소설을 읽음으로써, 자신 한 사람의 작은 자긍심이라면 몰라도, 인간으로서의 긍지를 잃고 싶지 않다. 그 긍지의 근원을 무너뜨려달라고, 아무도 소설가에게 부탁한 적이 없다. 그러나 어느 부류의 불쾌한 (훌륭한 재능이 있는!) 작가들은 한결같이 이런 불쾌한 작업에 열중하며 하루를 보낸다. 그것을 생각하면 우리는 섬뜩해진다.

새삼스럽게 카타르시스설을 들먹이지 않더라도, 어떤 종류의 소설에서 분명히 정화를 발견할 수 있지만, 그 정화는 우리가 믿는 마지막 자긍심의 붕괴를 대가로 내놓지 않으면 얻을 수 없도록 구성되어 있다. 거기서 나는 소설의 월권을 느낀다.

그런 소설에서는 분명히 '숯 바구니는 돌았던' 것이므로, 그것을 소설이라 인정해야 한다. 그러나 한편 소설이라 인정했다고 해서, 모든 것을 인정해야 할 의무도 없다. 외설과 잔혹함에 대해서는 문학적 절제를 운운하는 게 오히려 쉽지만, 외설도 잔혹도 아니면서 문학적 절제를 명백히 벗어난 것에 대해서는 논하기가 어렵다. 바타유가 아무리 도가 지나쳐도, 나에게는 기독교 내부의 반역이라고 느껴지는데, 이 세상에는 그저 사람을 끝도 없는 불쾌의 늪에 빠뜨리는 문학작품도 있다. 말하자면 이것을 '악마의 예술'이라 부를 수 있을 것이다.

11

연재 형식은 마음대로 써도 된다는 허락을 받았으니, 지난 회에서 해결하지 못한 문제는 제쳐두고, 나의 신변에 대해 얘기하려고 한다. 일종의 막간 연극을 본다는 생각으로 읽어주시기 바란다.

바로 며칠 전, 나는 지난 오 년간 연재하던 장편 『풍요의

바다豊饒の海』 제3권 『새벽의 절曉の寺』을 탈고했다. 이걸로 전체를 마친 게 아니라 더 골치 아픈 마지막 권을 앞두고 있지만, 그래도 일단락이 났으니 말하자면 행군 중간에 잠깐 쉬는 것이다. 길가 수풀에 다리를 뻗고 담배 한 대를 피우며, 수통의 물로 입을 적시고 있는 모습을 상상하시면 된다. 남들 눈에는 너무나도 상쾌한 휴식으로 보일 것이다. 그러나 나는 정말 정말 정말 불쾌했다.

이 상쾌한 불쾌감은 작품의 완성도에 만족하느냐 아니냐와 전혀 상관이 없다. 그럼 이게 무슨 불쾌감인가를 설명하려면, 많은 말이 필요하다. 지금부터가 아마 남들에게는 아무런 흥미도 없을 나의 음울한 독백이다.

나는 지금까지 장편소설을 몇 편 썼지만 이렇게 긴 소설을 쓴 적은 처음이다. 지금까지 세 권만으로도 모두 400자 원고지 이천 장을 족히 넘겼다. 긴 소설을 쓰려면 댐을 하나 세울 정도의 시간이 걸린다. 소설뿐 아니라 눈앞에 칠 년이 걸리는 일을 앞둔 사람이 미래에 대해 무슨 생각을 하는지는 대체로 뻔하다. 시간은 불확정적이다. 하물며 칠 년이면 여기에 역사가 얽힌다. 자신이 예상치 못한 병이나 사고로 죽을지, 아니면 현실이 완전히 바뀌어 같은 조건으로 일을 계속하지 못하게 될지는 개연성으로 봐도 쉽게 생각할 수 있다. 그런 일을 생각하지 않는 사람은 어지간한 낙천가이다.

쓰기 시작할 때 나도 그런 생각을 했다. 이 작품을 완성하기 위해 작품에 행운으로 작용할 여러 조건이 갖추어져야 하는 건 자명한 이치였다. 대체로 내 장편소설이 연극적 결함을 갖고 있다는 소리를 자주 들어서, 계획대로 진행되지 않으면 기분이 상할 테니, 종결부를 머릿속으로 그리면서 현실적 제반 조건을, 말하자면 동결시켜 두고 써나가는 일이 많았는데, 이렇게 긴 작품의 경우에는 그럴 수도 없었다.

따라서 『풍요의 바다』를 쓰면서 나는 그 마지막 페이지를 불확정한 미래에 맡겨 두었다. 이 작품의 미래는 항상 부유하고 있었고, 세 권을 다 쓴 지금도 여전히 부유하고 있다. 그러나 이 사실이 작품 세계의 시간적 미래가 현실 세계의 시간적 미래와 마치 비유클리드 수학의 평행선처럼 그 끝부분이 교차해 하나가 되었다는 것을 의미하지는 않는다. 왜냐하면 아무리 확정되지 않은 미래라고 해도, 그 미래는 이천 장에 이미 배아 상태로 쌓여 있어, 그 필연성을 벗어날 도리가 없기 때문이다. 작품 세계의 미래의 종말과 현실 세계의 종말이 시간적으로 완전히 부합할 거라고는 생각할 수 없다. 포의 「타원형 초상화 The Oval Portrait」 같은 일은 현실에서는 일어날 수 없는 것이다.

그래서 이 긴 소설을 쓰는 동안, 내 인생은 두 가지 현실을 포함하고 있게 된다. 발자크가 병상에서 자신의 작품에 나오는 의사를 부르라고 외친 일은 유명한데, 작가는 종종

이 두 종류의 현실을 혼동하기 마련이다. 그러나 절대 혼동하지 않는 것, 그건 내게는 중요한 방법론, 바로 인생과 예술에 관한 가장 본질적인 방법론이었다. 의도한 혼동으로부터 예술적 감흥을 만들어내는 작가도 있지만, 내 경우에는 쓰는 일의 근원적 충동은 항상 이 두 현실의 대립과 긴장에서 생겨난다. 그리고 이 대립과 긴장은 이번에 장편을 쓰는 동안 그 어느 때보다 과도하게 높았다.

그리고 진행 중인 작품이기 때문에, 작품 내의 현실도 여전히 미래를 품고 부유하고 있고, 작품 밖의 현실은 물론 여느 때와 같이 미래를 품고 부유하고 있다.

세상 사람들이 흔히 생각하는 명인名人 기질을 가진 예술가 이미지는 작품 내의 현실에 몰입하느라 작품 밖의 현실을 이탈하는 예술가의 모습이고, 앞에서 언급한 발자크의 일화는 미담이 된다. 그러나 두 가지 현실 중 어디에도 완전히 들어가지 않고 두 현실의 대립과 긴장에서 창작 충동의 원천을 발견하는 나 같은 작가에게, 쓰는 일은 비현실적인 영감에 계속 사로잡히는 게 아니라, 오히려 매 순간 자신의 자유의 근거를 확인하는 행위일 뿐이다. 그 자유란 흔히 말하는 작가의 자유가 아니다. 내가 두 종류의 현실 중 어느 하나를 언제 어떠한 시점에서든 결연히 선택할 수 있는 자유이다. 이 자유의 감각 없이는 나는 계속 쓸 수가 없다. 선택이란 간단히 말하면 문학을 버리느냐, 현실을 버리느냐이며,

그 아슬아슬한 선택의 보류를 통해서만 나는 계속 쓰고 있는 것이며, 어느 순간 자유를 확인하면 비로소 '보류'가 결정되고, 그 보류가 즉 '쓰는 일'이 되는 것이다. 자유도 없고 선택도 없는 보류라면 나는 도저히 견딜 수 없다.

『새벽의 절』을 탈고했을 때 내가 느낀 형언할 수 없는 불쾌감은 모두 나의 이런 심리에서 비롯된 것이었다. 뭘 그리 유난을 떠냐고 하겠지만, 사람은 자신의 감각적 진실을 부정할 수 없다. 즉 『새벽의 절』이 완성되면서, 그전까지 부유하던 두 현실은 확정되고, 하나의 작품 세계가 완결되어 닫히는 동시에, 그전까지의 작품 밖의 현실은 모두 이 순간에 종이 쪼가리가 된 것이다. 나는 사실 그것을 종이 쪼가리로 만들고 싶지 않았다. 그것은 내게 귀중한 현실이고 인생이었을 터이다. 그러나 제3권을 작업했던 일 년 팔 개월은 잠깐의 휴식과 함께 두 현실의 대립과 긴장 관계를 잃고, 하나는 작품으로, 하나는 종이 쪼가리가 된 것이다. 그것은 나의 자유도 아니고 나의 선택도 아니다. 작품의 완성은 그런 것이다. 자동적으로 한쪽의 현실을 '폐기'시키는 것이며, 그것은 작품이 남기 위해 필수적인 잔혹한 절차이다.

나는 제3권의 종결부가 폭풍우처럼 덮쳐왔을 때, 거의 믿을 수가 없었다. 그것이 완결되지 않을 수도 있다는 현실 쪽을 점치고 있었기 때문이다. 이 완결은 여우한테 홀린 것 같은 사건이었다. '뭘 그렇게 요란을 떠냐'고 사람들이 말하는 소리가 다시 들린다. 작가의 정신생활이란 세상 무엇보다 요란스러운 것이다.

부유하던 것이 확정되어 하나의 작품 속에 봉인되는 순간에 겪는 일종의 아픈 경험에 관해서 작가는 아무리 요란을 떨어도 그래도 충분하지 않다고 느낄 게 틀림없다.

그러나 아직 한 권이 남아 있다. 마지막 권이 남아 있다. '이 소설이 끝나면'이라는 말은 지금 내게 최대의 금기어다. 이 소설이 끝난 뒤의 세계를 나는 생각할 수 없기 때문이며, 그 세계를 상상하기 싫기도 하고 두렵다. 거기서 결정적으로 이 부유하는 두 현실이 결별하고 한쪽이 폐기되고 한쪽이 작품 속으로 감금된다면, 나의 자유는 어떻게 되는 것일까. 유일하게 남겨진 자유는 그 작품의 '작가'라 불리는 일일까. 마치 인연도 연고도 없는 사람한테 부탁을 받아, 어쩔 수 없이 그의 자식의 대부가 되듯이.

나의 불쾌감은 이 두려운 예감에서 생겨난 것이었다. 작품 밖의 현실이 나를 억지로 납치하지 않는 한 (그러기 위한 준비는 충분히 해뒀는데도) 나는 언젠가 깊은 절망에 빠질 것이다. 생각해보면 소년 시절부터, 나는 절대로 일어나지 않을 전대미문의 사건을 계속 기다리는 소년이었다. 그 얘기는 예전 단편 「바다와 노을海と夕燒」에서도 다루었다. 그리고 이 소년기의 습관이 지금도 이어져, 스스로를 두 현실의 대립과 긴장 관계의 위기감 없이는 계속 쓸 수 없는 작가로 만들었던 것이다.

요시다 쇼인吉田松陰은 다카스기 신사쿠*에게 보낸 옥중서한에서 이렇게 썼다.

"몸이 죽고 영혼이 사는 사람이 있는데, 마음이 죽으면 살아도 소용없고, 영혼이 있으면 죽어도 헛된 것이 아니다."

이 논리에 따르면, 이 세상에는 두 종류의 인간이 있다. 마음이 죽고 육체가 살아 있는 인간과 육체가 죽고 마음이 살아 있는 인간. 마음과 육체가 모두 살아 있기는 실로 어렵다. 살아 있는 작가는 그래야 하지만, 마음과 육체가 모두 살아 있는 작가는 많지 않다. 작가의 경우, 난처하게도 육체가 죽어도 작품은 남는다. 마음이 남지 않고 작품만이 남는 것은 얼마나 섬뜩할까. 또 마음이 죽고 육체가 살아 있다면 여전히 마음이 살아 있었을 무렵의 작품과 공존하며 살아가야 한다는 것은 얼마나 추할까. 작가의 삶은 살아 있어도 죽어도, 요시다 쇼인처럼 투명한 행동가의 삶과는 비교가 되지 않는다. 살면서 영혼의 죽음을, 그 죽음의 경과를, 충분히 맛보는 것이 작가의 숙명이라고 한다면, 이만큼 저주받은 인생도 없을 것이다.

'뭘 그렇게 요란을 떠냐'고 웃는 소리가 또 들린다.

"당신은 소설가다. 다행히 책도 그런대로 팔리고, 생활도

* 高杉晉作. 막부 말기의 무사.

보장되어 있다. 뭐가 걱정이냐. 얌전히 소설을 쓰면 될걸. 우리는 그걸 즐기며 읽고, 읽다 싫증 나면 헌책방에 팔고, 그러다 잊을 것이다. 그 정도가 소설가의 일 아닌가. 과대망상에 단단히 빠져 있나 본데, 그저 얌전히 소설을 쓰기나 해라. 그것 말고 당신이 해야 할 일은 없고 우리도 그것 말고 당신에게 아무것도 기대하지 않는다."

그 충언은 참으로 지당하고, 조목조목 합당해서 받아칠 말도 없다. 그러나 나는 살아 있는 한 힘껏 버둥거리며, 이 충언에 반항하고 이 충언으로부터 도망치려고 애쓸 것이다. 만약 (만에 하나 그런 일은 없을 테지만) 내가 마음을 고쳐먹고 이런 충언에 순순히 따른다면, 그때부터 나는 한 줄도 쓸 수 없게 될 것이기 때문이다.

12

요즘은 일반적으로 소설가 중에 위선적 언사를 쓰는 사람이 많아져서, 위선의 냄새가 전혀 나지 않는 소설가를 꼽으면, 겨우 모리 마리*와 노사카 아키유키 정도밖에 없다는 게 정말 안타깝다. 물론 우치다 햣켄**이나 이나가키 다루호***는

---

* 森茉莉. 소설가, 수필가, 번역가. 모리 오가이의 딸로 환상적이고 우아한 세계를 표현한 작품이 많다.
** 內田百閒. 수필가. 나쓰메 소세키의 문하생으로, 명문장가로 알려졌다.
*** 稻垣足穗. 소설가. 추상, 비행, 메커니즘, 에로티시즘, 우주를 소재로 한 작품을 발표했다.

소설이란 무엇인가 93

예외로 하고 말이다.

나는 일찍이 1948년에 「중증자의 흉기重症者の兇器」라는 수필을 쓰며 "나와 같은 세대에서 대다수의 강도가 나온 걸 자랑스럽게 여긴다"라고 썼는데, 지금도 이 마음은 잃지 않고 있다.『금각사』라는 소설도 분명히 범죄자에 대한 공감에 바탕을 둔 작품이었다.

내가 이 얘기를 꺼낸 건 1970년에 발생한 여객선 납치 사건 때부터인데, 이에 대한 글쟁이들의 반응은 벤텐 고조*를 찬미한 일본 예술가의 후예라고 생각되지 않는, 전후 민주주의와 휴머니즘이라는 새로운 주자학에 충실한 의견뿐이었다. 최근 이런 유의 사건이 일어날 때마다 별반 뛰어난 의견은 보이지 않고, 이 말은 하면 안 된다, 이건 부정해야 한다는 자기검열이 글쟁이들 사이에서조차 무의식으로 강화되는 건 정말 이상한 경향이다.

도스토옙스키의『죄와 벌』을 끌어올 것까지도 없이, 본래 예술과 범죄는 매우 가까운 관계다. '소설과 범죄는'이라고 바꾸어 말해도 좋다. 소설은 많은 범죄로부터 큰 도움을 받고 있는데,『적과 흑』에서부터『이방인』에 이르기까지, 범죄자에게 감정이입을 하지 않는 명작의 수가 오히려 적을 정도이다.

* 도적들이 활약하는 가부키 〈아오토조시 하나노니시키에(青砥稿花紅彩畵)〉의 등장인물.

그런데 현실에서 범죄를 맞닥뜨렸을 때, 무심코 범인을 동정하다가 세간의 지탄을 받으면 어쩌나 하는 생각이 작용한다면 이미 소설가 자격이 없다고 해도 되겠지만, 그런 생각을 하면서 세간의 금과옥조인 휴머니즘이라는 방패막이 뒤에 숨어서 말을 하는 것은 한층 더 비겁한 태도이다. 그럴 거라면 경찰의 편법적인 발언에 동조하는 편이 차라리 더 낫다.

범죄는 소설에서 좋은 소재일 뿐 아니라, 범죄자적 소질은 소설가적 소질 안에 떼려야 뗄 수 없게 섞여 있다. 왜냐하면 두 소질 모두 개연성 연구에 뛰어나야 하기 때문이고, 더구나 그 개연성은 법률을 초월한 곳에서만 추구되기 때문이다.

법률과 예술과 범죄의 삼자 관계에 대해, 내가 일찍이 인간성이라는 지옥 불 위에 놓인 떡 굽는 석쇠의 비유를 사용한 적이 있는데, 법률은 석쇠이고 범죄는 석쇠에서 튀어나와 떨어져 검게 탄 떡이고, 예술은 알맞게 옅은 갈색으로 타서 먹기 좋은 떡이라고 설명했었다. 어쨌든 지옥 불에 탄 자국 없이, 예술은 성립하지 않는다.

트루먼 커포티Truman Capote의 『인 콜드 블러드In Cold Blood』라는 매우 표현력이 좋은 다큐멘터리 소설에서, 변호의 여지가 없는 흉악범죄를 신화적 터치로, 더구나 지극히 무책임하게 묘사했는데, 이 소설은 변호의 열정만큼은 다루지 않고 피해

갔다는 점에서 세련된 효과를 낳은 반면, 근본적으로 소설로서의 윤리적 성격을 결여하고 있다. 그것은 물론 커포티가 처음부터 의도했을 것이다. 그러나 이렇게 윤리적 성격을 처음부터 포기한 것을 소설이라 불러도 될지 의문이다. 물론 내가 소설과 도덕 교과서를 혼동하는 건 아니고, 『인 콜드 블러드』가 악덕 소설이지 못한 점을 비판하는 것이다. 사드 후작의 작중의 식인귀가 자기를 정당화하는 논리를 얼마나 열정적으로 펼치는지 떠올려보면 될 것이다.

소설은 세상에서 생각하는 보편적인 휴머니즘의 관점을 배제하고, 범죄 피해자에 대한 동정은 (당연한 일이므로) 세상에 맡기고, 오히려 변호의 여지가 없는 범죄와 범죄자를 변호하는 데 열정을 태우는 데서만 성립하는 것이었다. 법률이나 세상의 도덕이 절대로 용인하지 않고, 또 만일 변호하려 해도 사회를 고려해볼 때 변호의 윤리적 근거를 도출할 수 없는 경우에, 다수에 기대지 않고, 여론에 기대지 않고, 소설가 혼자 나서서, 그것들을 처리하며 놓치기 쉬운 인간성의 중요한 측면을 구출하기 위해, 다른 종류의 현실 세계에 허구를 만들고 거기서 소설을 성립시키려고 하는 것이었다.

물론 이런 열정을 정의감과 착각하면 안 된다. 소설가도 장사꾼인 이상, 세상이 어떤 휴머니즘의 가면을 쓰고 있더라도, 그 저변에 비열한 호기심과 악에 대한 선호를 감추고 있는 것을 다 알고 있다. 일단 그 통로를 지나면, 어떤 사람도 범죄자의 고독과 무관하지 않다는 것을 알고 있다. 더구나 소설가가 쓰는 방법은 강연회장에서 많은 청중의 찬동을 구하는 방식이 아니라, 한 사람 한 사람의 방으로 숨어 들어가, 다른 사람이 없는 곳에서 차분하게 설득하는 방식이다.

세상의 일반적인 판단으로는 변호의 여지가 없는 범죄만큼 소설가의 상상력을 자극하고, 저항을 주고, 형태로 만들고 싶은 의욕을 돋우는 것은 없다. 왜냐하면 그때 그는 세상의 판단에 기댈 여지가 없는 자신의 고립에 대해 자부심을 느끼고, 실로 회개하지 않는 범죄자의 자부심에 다가감으로써, 전대미문의 가치 기준을 발견할 수 있을지도 모를 운명의 갈림길에 서기 때문이다. 소설 본래의 윤리적 성격이란, 그런 위기 상황에서 나타나는 것이다.

물론 그런 때 소설가에게도 여러 안일한 면피 방법이 있다. 예전부터 있는 성선설을 이용해서, 범죄 동기를 사회환경으로 설명해 사회와 정치체제에 죄를 전가하는 방법도 있다. 그러나 그건 너무나 오래 써서 낡은 방법이고 사회에서도 죄를 자인하고 있어서 다루기가 어렵다. 사회가 아무리 죄를 저질러도, 사회가 체포되었다는 이야기는 듣지 못했으니까.

한편, 소설가가 '통속성을 피해' 성악설을 선택했다 하더라도, 악을 안일하게 일반화하는 폐해는 피할 수 없다. 만일 성악설이 옳다면 아무리 흉악한 범죄라도 우리 자신의 공통된 인간성이 반영된 것이 분명하고, 만일 또 성선설이 옳다면 범인과 우리는 기계적으로 같은 출발점에 서게 되고 우리가 약간 운이 좋았을 뿐이라는 얘기가 된다.

그런데 범죄 안에 있는 어떤 특권적 반짝임은 무엇일까. 소설가의 흥미는 아마 최종적으로 그곳으로 귀결되는데, 범인이 두꺼운 검사 조서나 경찰 조서에서도, (본인의 표현력 부족 때문에) 결국 고백하지 못한 비밀은 무엇일까. 물론 그런 비밀은 말하지 않더라도 법률 요건 충족에 아무런 지장이 없으므로, 굳이 말하지 않고 끝날 것이다. 그러나 소설은 거기에 이끌려 그 부분을 노리는 것이다.

그때 악은 추상적인 원죄나 보편적 인간성의 공유 문제에 그치지 않는다. 지극히 독립적이고 지극히 논증하기 어려운, 인간성의 어떤 미지의 측면과 관계가 있을 것이다. 나는 미국에서 수행된 흉악폭력범의 염색체 연구에서, 이들한테 일반 남성보다 남성 인자가 한 개 많은 이형이 일반인보다 훨씬 많이 발견되었다는 기사를 읽었을 때, 전쟁이라는 가장 신비한 문제를 밝혀 낼 열쇠 하나가 발견된 것 같은 기분이 들었다. 그것은 또 뒤집어보면, 남성과 문화창조의 관계에 대해서도 지금까지 없었던 관점을 제공할 것이다.

그건 그렇다 치고, 범죄는 그 독특한 반짝임과 독특한 꺼림직함으로, 우리의 일상생활을 살얼음 위에 올려놓는 작용을 한다. 그것은 암묵적 약속의 파기이며, 그 강렬한 반사회성으로 인해 오히려 사회의 초상을 분명히 드러내는 것이다. 그것은 이 온화한 인간 집단 한가운데에 돌연히 황야를 출현시키고, 야수성이 한순간의 번득임으로 그 황야를 달리고, 우리의 확신은 잠깐이라도 뿔뿔이 흩어져버린다.

사실 소설가가 소설을 쓰면서 노리는 효과도 이런 것이다. 효과 그 자체에 그런 범죄적 의도가 있더라도, 소설은 근대사회 특유의 관대함 덕에 좀처럼 벌을 받지 않기 때문에, 스스로 유유히 법률이나 사회도덕을 무시한 윤리적 긴장감을 줄 수 있고, 말하자면 법률상의 '확신범'의 체계를 미적으로 형성할 수 있다. 현실에서 범인은 현실의 법률에 굴복할 수밖에 없지만, 소설은 만일 성공하면 그 소설을 재판할 자로 신밖에 없는 곳까지 자기를 밀어붙일 수 있다.

그러나 그것은 소설 자체의 작용인데, 소설가 자신의 공일까. 그 점이 아무래도 의심스럽다. 소설가의 범죄자적 소질은 살인보다는 오히려 도둑질에 있어서, 옛날부터 표절은 물론이고 사람의 혼을 훔치는 게 특기다. 성공한 범죄소설(나는 『적과 흑』에서부터 『이방인』까지 모두 포함해서 말하는데)은 작가가 현실 또는 가상의 범죄로부터 범죄 특유의 특권적인 반짝임을 훌륭히 훔쳐냄으로써 성공한 게 아닐까. 범인 자신은 그 반짝이는 빛을 발한 대신에 형을 받고 죽어야 했지만, 소설가는 살아서 그 반짝임을 자신의 작품의 월계관으로 삼는 것은 아닐까.

이렇게 생각하다 보면, 범죄 특유의 그 '특권적 반짝임', 그야말로 범죄의 본질이라고 생각되는 것, 그게 대체 무엇일까. 그것은 바로 사회 내부에서 바라보는 사람의 눈에 비치는 고립된 반사회성의 검은 광석 같은 반짝임일지도 모른다. 어떤 이성의 무통제, 무지, 충동적 성격 등으로, 범인이 '의도치 않게' 반사회성의 극한으로 자신의 몸을 몰아넣었을 때, 본인에게 반역의 기도도 사상도 없을 뿐 아니라, 오히려 순수하게 그러한 반짝임을 내뿜는 건지도 모른다. 적어도 여객선 납치 사건에서는 항공기 납치 사건처럼 뻔한 상황은 연출되지 않았다.

다음에는 소설이 광기를 빨아들일 수 있는가에 대해 말해야겠다.

13

얼마 전에 아쿠타가와상 심사에서 오랜만에 좋은 신인의 작품을 읽었다. 바로 요시다 도모코吉田知子의 『무명장야無明長夜』다. 이 작품은 광기를 다루고 그 나름대로 성공한 소설이라 할 수 있을 것이다.

"학교에 가도 집에 와도 친하게 말을 나눌 사람은 없어서 타인에 대해 별로 생각한 적이 없었어요. 타인뿐만 아니라,

---

* 어두운 긴 밤이라는 뜻으로, 번뇌에 사로잡혀서 진리의 광명을 보지 못함을 비유적으로 이르는 말.

외부세계에도 현실에도 깊은 관심은 품지 않았죠. 그것들은 어차피 임시의 모습에 불과하니까요. 정말 임시방편이에요."

이런 심경으로 자란 여주인공도 어느새 평범한 엔지니어와 결혼해서 '재미없는 여자'라는 소리를 들으며 아이도 낳지 못하는데, 한편 특이한 시어머니 후쿠코와도 갈등 없이 지내다가 남편이 출장을 갔다가 행방불명이 되고 두 달 후에 혼자서 친정어머니가 있는 몬젠무라^{門前村}로 돌아가 상황을 기다리게 된다. 그곳에는 자신의 마음의 근원의 '물자체^{物自體}*'라고 할 만한 본산이 있고, 또 그 근처의 센다이지^{千台寺}의 롯카쿠도^{六角堂}에는 어릴 때부터 '순수 남성'의 모습으로 깊이 각인되었던 신인^{新院}이라 불리는 승려가 있다. 신인과의 일방적인 마음의 대화, 짜증이 많은 소꿉친구 다마에를 간접적으로 죽여버리는 사건, 본산의 작은 화재 등이 후반의 줄거리인데, 후반으로 갈수록 여주인공의 광기를 고조시켜 현실과 비현실의 경계가 갈수록 애매해지기 때문에 이런 요약된 설명은 의미가 없다.

그러나 이 소설의 재미와 실감은 어디까지나 세부에 있으므로, 대강의 줄거리는 어쩔 수 없이 설정했다고 작가 자신도 말하고 있다. 주인공은 인간에게는 좀처럼 감동하지 않

---

* Ding an sich. 칸트 철학의 중심개념. 인식주관에 대립하여 나타나는 현상으로서의 물(物)이 아니라, 인식주관으로부터 독립하여 그 자체로서 존재하며 현상의 궁극적 원인이라고 생각되는 물 그 자체로서 본체 또는 선험적 대상.

고, '늦가을에 본 모닥불'에는 관능의 극치라고 할 만한 감동을 느끼는데, 인간에 대해 깊은 관심이 작용하는 것은 다마에가 짜증을 부릴 때처럼, 인간이 순간적으로 '물物'로 변하는 순간뿐이다. 또 신인에 대한 감정도 결코 사모하는 마음 같은 단순한 것이 아니고 그렇다고 해서 색정광 같은 끈적끈적한 색정도 아니고, 잊힌 관능의 근원에 다가가려고 하는 일종의 형이상학적 욕구와 뒤섞여 있다. 즉 그것은 지적 초조함의 관능적 형식이며 주인공의 손에는 도저히 닿지 않고, 그렇게 손이 닿지 않는 것이 점점 멀어져가는 현실에 대해, 회복할 수단을 아무것도 갖지 못한 채 어떻게든 자신의 날것의 존재감을 회복하려고 허무한 초조함에 사로잡혀 있다.

느끼려고 해도 느낄 수 없는 깊은 괴리 속에서, 심지어 인간의 모습으로 살아가는 것이 광인의 모순이므로, 일단 자기 자신을 커피포트라고 믿어버릴 정도가 되면, 이미 광기가 승리한 것이다.

문학과 광기의 관계는 문학과 종교의 관계와 비슷한 면이 있다. 프리드리히 횔덜린의 광기도, 제라르 드 네르발의 광기도, 니체의 광기도, 신기하게 기세가 높아질수록 한편에서는 극도로 고립된 지성이 투명하고 높은 곳으로 등반하는 모습을 보였다. 산소가 부족해 보통 사람이라면 고산병에 걸릴 만한 고도에서도 태연히 견딜 수 있는 힘을 (아주 짧은 기간이지만) 광기가 부여하는 모양이다.

물론 『무명장야』는 그것을 그리려고 한 것은 아니었고, 작가 자신의 체험을 그린 것도 아니다. 묘사되는 것은 광기의 경과이며, 어떤 해리 증상의 요인이 점점 커져서 인간적 현실의 상실감을 심하게 만들어, 크레치머$^{E.\ Kretschmer}$의 적절한 표현처럼 "외부세계에 접하는 피부가 점점 가죽처럼 뻣뻣해지는" 분열증의 진행과 비슷한 것이 선명한 디테일의 집적을 통해 하나의 클라이맥스에 이르는 이야기이다. 그러나 분열증의 진행이 왕왕 그렇듯이 살인이나 자살로 끝나도, 그것을 엄밀한 의미에서의 클라이맥스라 부를 수 없을 것이다. 이쪽에서 보면, 위험한 반사회성의 현실화이자 하나의 사회 사건으로서의 클라이맥스라도, 저쪽에서 보면 더 진행될 과정상에서 발생하는 우발적 사건에 불과하기 때문이다.

  여기에 광기를 다룰 경우의 구성상의 최대 난관이 있는데, 『무명장야』도 그 점에서 명백한 약점을 갖고 있다. 즉, 소설은 구성상의 필연성이 있어야 하고, 플롯은 인과관계 위에서 성립해야 한다는 것은 종종 언급한 대로다. 그것이 소설을 '이야기'에서 벗어나게 하는 요소이고, 에드워드 모건 포스터도 말했듯이, '왕이 돌아가시고, 그리고 왕비가 슬픈 나머지 돌아가셨다'에서 '슬픈 나머지'라는 플롯 요인에 소설의 본질이 숨어 있다.

  그런데 광기는 그 진행 과정에서 결국 필연적 클라이맥스를 가지지 못한다. 필연적 클라이맥스란 '물화^{物化}' '자기물질화'인데 보통 사람의 눈에는 '죽음'과 마찬가지다. 광인의 자살은 이중적 의미를 지닌다. 즉, 광기가 자기물질화를 달성할 수 있는데, 죽음을 통해 더욱 그 달성을 돕는 것이기 때문이다. 한편, 광인의 살인은 반사회성 때문에 언뜻 보아 사회와 대립 관계에 있는 것 같지만, 법에서도 역시 책임능력을 면제하듯이, 엄밀한 일대일의 대립 관계는 성립하지 않는다. '미치광이에게 칼을 준 격'이라는 말이 있는데, 광인에게 살해당한 인간은 사회적 용어에 따르면 '사고사'인 셈이다.

이러한 우발성의 표출, 자기의 행위가 우발적으로 일어나는 것, 그것 자체가 자기물질화의 진행과 침윤을 의미한다. 왜냐하면 우발성이란 '사물'의 특질이기 때문이다. 이것을 종교 용어로 말하면 우연성이란 '신'의 본질일 것이다. 즉 인간적 필연을 초월한 곳에서 나타나는 현상은 바로 신의 영역이기 때문이다.

『무명장야』의 살인과 본산이 불타는 망상을 보여주는 클라이맥스는 이 점에서 무리하게 소설을 종결시키려고 한 작가의 자의적 의도에 바탕을 두고 있다. 이런 소설은 디테일의 집적만으로 충분하고, 이 최고의 디테일은 호프만슈탈[H. von Hofmannsthal]의 『찬도스 경의 편지』까지 떠오르게 한다. 그러나 클라이맥스는 이것을 배반한다.

광기와 정상적인 사회생활의 병행 관계 내지 배반 과정만이 소설의 소재가 될 수 있다는 사실을 이 소설은 가르쳐준다. 광기의 골치 아픈 특색은 그 본질이 반사회성이 아니라, 광기의 논리 자체에 있음에도 불구하고, 광인의 환상에는 사회생활의 잔재가 (당연히 저속한 것도 포함해서) 넘쳐흐르고 있다는 점이다. 이 사실은 앞에서 다룬 범죄 문제와 비교해보면 잘 알 수 있을 것이다. 범죄적 요인을 선천성인 것이라고 보는 롬브로소$^{C.\ Lombroso}$의 학설은 차치하고, 범죄는 본질적 반사회성을 갖고 있다. 왜냐하면 정치적 범죄와 비정치적 범죄에 관계없이, 범죄를 정당화하는 최고의 논리는 우리가 자신의 사회를 정당화하는 논리와 같은 차원에 서 있기 때문이다. 이것이 소설의 소재로서 예로부터 광기보다는 범죄가 익숙한 이유일 것이다.

우리가 살인을 허용하지 않는 사회에 살고 있는 것은 일종의 사회계약에 따라 우리 자신의 살인까지도 허용되지 않게 정했기 때문인데, 광기는 어디까지나 병의 일종이고, 인간의 자유의지와는 관계가 없으므로, 아무리 광기가 위험해도 우리 자신이 발광하는 것은 허용된다.

언뜻 이상한 논리라고 생각할 것이다. 그러나 여기에는 중요한 소설의 문제가 내포되어 있다.

왜냐하면 소설도 예술의 일종인 이상, 주제의 선택, 소재의 선택, 용어의 선택, 모든 것에 작가의 의지가 관련되고, 정신이 관계되고, 육체가 관련되어 있다. 우리는 그것을 예측 불가능한 신의 의지, 혹은 광기의 우발적인 의지에 맡길 수는 없는 것이다. 소크라테스도 그의 철학을 데몬demon의 영감을 통해 얻었다. 그러나 소크라테스는 광기에 빠지지 않았다.

선택 그 자체가 자유의지의 문제를 떠안고 있으며, 소설은 '자유의지'라는 신앙의 극한적 실험이었다고도 할 수 있다. 이 사회가 요구하는 사회계약도 윤리적 제약도, 모두 자유의지의 책임하에 극복하고 밟아 부숴야 하는 허구였다.

여기에 일단 광기의 문제를 도입하게 되면, 이 근본적인 메커니즘에 균열이 생기고 마는 것이다. 자유의지가 부정되고서, 어떻게 자유의지의 정수라고 할 수 있는 소설 세계의 구축성이 구현되겠는가.

범죄와 광기에 관해 서술하면서, 나는 흔히 말하는 도착perversions의 문제는 다루지 않았는데, 마지막에 이러한 소설 세계의 구축성이라는 문제를 다루며, 누마 쇼조*의 『가축인 야프家畜人ヤプー』를 거론하지 않을 수가 없다.

이 작품을 마르키 드 사드의 『소돔 120일』과 비교하고 싶은 유혹을 종종 느끼는 이유는 스카톨로지**와 관련이 있기도 하지만, 전적으로 그 구축성의 논리 때문이다. 『가축인 야프』의 세계는 결코 광기의 세계가 아니다. 그것은 지독하게

---

* 沼正三. 익명으로 활동한 일본 소설가. 누마 쇼조의 정체에 대해 미시마 유키오, 다케다 다이준, 엔도 슈사쿠, 시부사와 다쓰히코 등의 작가가 거론된다.
** scatology. 분변음욕증.

논리적이고 사회적이며 저속하기까지 하다. 문장이 특별히 문학적이지도 않고, 반짝이는 감각적 디테일이 있지도 않다. 이 점에서도 『소돔 120일』과 이 작품은 아주 비슷하다.

놀라운 것은 오직 자유의지에 의한 장대한 구축성이다. 그 세계는 실로 우리 사회와 똑같은 지배 피지배의 논리에 따르면서, 그저 그것을 매우 노골적으로 밀어붙일 뿐이므로 이 작품의 비유나 풍자를 과대평가해서는 안 된다. 비유나 풍자는 놀이의 부분이다. 놀라운 것은 그저 마조히즘이라는 하나의 도착이 자유의지 상상력에 의해 극도로 밀어붙여질 때 무슨 일이 일어날지 철저한 실험을 시도한 점이다. 하나의 도착을 시인한다면 이 정도까지 가야 한다는 전율을 독자에게 주는 이 소설은, 소설 기능의 본질을 건드린다. 작품 속에서 어떤 오물이 아름다움으로 간주되든, 그 아름다움은 우리 각자의 감수성이 허용하는 미적 범주나 차원에서도 여전히 아름다움임에 틀림없다.

14

'소설이란 무엇인가' 하는 문제에 대해 한없이 얘기하는 건 공허하다. 소설 자체가 어디까지나 정체불명의 장르이며, 그 옛날 페트로니우스의 『사티리콘 Satyricon』 때부터 '온갖 것들을 모은 것'이었으니, 소설은 대부분 인간이란 무엇인가, 세계란 무엇인가에 대한 물음으로 우리를 데려가는 것과 마찬가지다. 거기까지 가면 '소설이란 무엇인가'라는 물음은 바로 소설의 주제, 아니 소설 그 자체가 되는 것이며, 프루스트의 『잃어버린 시간을 찾아서』는 바로 그런 작품이었다. 일반적으로 근대의 산물인 걸작 소설들은 대부분 '소설이란 무엇인가'에 대해 자타 모두에게 던지는 물음이었다 해도 과언이 아니다. 소설은 이렇게 세계관과 방법론 사이에서 영원히 방황하는 장르인 셈이다. 그 방황과 회의를 잃은 소설은 엄밀한 의미에서 소설이라 부르면 안 될 것이다.

그래서 소설이란, 소설에 대해 계속 고민하는 인간이 소설이 무엇인지 모색하는 작업이라고 정의하면, 기술적 정의에 치우쳐서 중요한 어떤 것을 놓치게 되는데, 이 점에 역시 소설의 괴물성怪物性이 있다. '소설의 소설'***인 지드의 『사전꾼들Les Faux-monnayeurs』이나 현대의 온갖 반소설anti-roman이 대부분 인간미가 느껴지지 않는 것도 이와 관계가 있다.

소설은 생명체의 느낌이 나는 다소 섬뜩한 존재론적 측면을 소홀히 할 수가 없다. 아무리 고전적 균형을 유지한 작품이라도 소설인 이상, 털이 나 있거나 체취를 풍길 필요가 있

---

* G. Petronius A. 고대 로마의 문인으로 집정관을 지내며 황제 네로의 총애를 받아 '우아한 심판관'이라 불렸다.
** 페트로니우스의 작품이라고 전해지는 시를 혼용한 산문 풍자소설. 피카레스크 소설(악한소설)의 원형으로 알려져 있다.
*** 작가가 독자에게 지금 읽고 있는 내용이 실제가 아니라 허구임을 환기시키는 방식으로 쓰는 극, 소설. 메타 소설(metafiction).

는 것이다.

    얼마 전에 에노시마의 해양동물원에서 남방코끼리물범이라는 기괴하고 거대한 바다 동물을 보았다. 비대한 방추형에 추악한 얼굴을 가진, 뭐라고 설명하기 힘든 바다 동물은, 실로 무의미하고 처치 곤란한 존재이고 스스로도 자기 자신을 주체 못하고 있는 듯 보였다. 강청색의 매끄러운 몸통을 게으르게 엎드린 채, 사람이 물고기 먹이로 유인해도 그쪽으로 가는 게 귀찮아서 엉뚱한 방향으로 분홍 입을 딱 벌리고 있다가, 결국 그 먹이를 강치에게 빼앗겨도 집착하지 않을 만큼 뭐든 귀찮아했다. 물로 뛰어들기도 귀찮고, 뒤집어 눕기도 귀찮고, 그래서 콘크리트 바닥에 배를 깔고 엎드려서 이따금 등롱처럼 움츠린 긴 코를 움찔거리거나 똥을 쌌다. 눈을 뜨거나 감지만 거기에도 큰 의미는 없다. 서식지인 넓은 바다에서 떨어져 그 거대한 덩치와 배경 간의 균형을 잃고, 구경꾼들은 완전히 균형을 잃은 거대함을 보며 재미있어 한다. 원래 있어야 할 곳에 있지 않아서 더 진기하고, 바람에 묻어나는 악취에 사람들이 질색하고, 아무튼 여러 결점은 있지만, 자연이 무엇 때문에 이런 것을 만들었을까 하는 시시한 의문을 던지면서 계속 사람들의 감흥을 돋운다. 적어도 뻔한 고래보다 훨씬 독창적이고, 사람들이 가진 기성 개념을 거스르는 점에서 참신하며, 더욱이 자연 속에 완전히 매몰된 비사회적 존재이다.

그걸 보고 있으려니, 이거야말로 이상적 소설이라는 느낌이 들었다. 비정상적으로 예민하거나 섬세하지 않아서 좋다. 기괴하지만 건강하고 단연코 퇴폐적이지 않다. 그리고 그 주제는 게으르고 비대한 몸통 속에 저절로 갖추어져 있는 것이다.

체취, 동물성, 고독, 자연으로부터 격리된 곳에서도, 고집스레 유지되고 있는 자연성, 해류에 적합한 방추형의 형태적 필연성, 전무한 대화와 무한한 일상적 묘사력, 사람을 싫증나게 하지 않는 유머러스한 단조로움, 강요하는 듯한 주제의 반복, 그리고 그 똥, …이것이야말로 소설이며 소설이 사람에게 사랑받는 특징이었다. 현대 소설은 이 중에서 거지반을 잃어버렸다.

남방코끼리물범의 소설적 특성을 다 꼽자면 아직 한참 멀었다. 그저 존재하기만 해도 충분히 충족되는 의외성의 조건, 존재의 무의미함과 삶의 완전한 자기만족 간의 행복한 결합의 제시, 사람에게 존재의 불합리성에 관해 생각하게 하는 힘, 정열의 거부와 무기력한 자부심, 그리고 전체적으로 감도는 뭐라 설명할 길 없는 사랑스러운 해학, …이것들은 몇몇 걸작 소설들이 독자에게 부단히 제공해온 것이다.

조각이 삶의 이상형을 추구한 것이었다면, 소설은 삶의 현존재성*의 추구였다. 소설의 주인공은 연극의 주인공과 달리 똥을 싸고 밥을 많이 먹고, 죽음의 존엄성조차 감히 범한다.

내가 이러한 감상을 느끼며 동물원을 떠나, 집으로 돌아와서 푹 빠져서 읽은 소설은 이런 소설과는 완전히 달랐다.

바로 쥘리앵 그라크Julien Gracq의 『음울한 미청년Un beau ténébreux』(고사이 신지 번역)이다.

여기에는 조금의 틈도 없는 냉철한 지적 구성이 있고, 일종의 세련된 가식이 있고, 황량한 피서지의 부르주아 생활이 있고, 해변의 『마의 산』이라고 할 만한 지적 병폐에 빠진 남녀들이 모인 사교계가 있고, 거기에 등장하는 주인공 '음울한 미청년' 알랭은 시종일관 한 점 흐트러짐 없이, 물론 많이 먹지도 않고 똥도 싸지 않고, 바르고 우아하기 그지없는 자세를 유지한 채 그 자리에 가만히 있으면서 사람들을 지배하고, 마침내 스스로 죽음으로 주저 없이 걸어 들어간다.

나는 이 번역의 딱딱함, 특히 여자들의 생경한 대화에 혀를 차며 읽어 가다가, 쥘리앵 그라크의 반시대적 취향, 그 차갑고 아름다운 정취, 세기말 문학이 현대로 이어지는 여운, 그리고 매우 현대적인 추구력追究力과 주제의 전개에 줄곧 마음을 뺏기며 읽었다. 그리고 소설이라는 것은 남방코끼리물범만을 기준으로 삼을 수 없음을 새삼스럽게 깨달았다.

다만 이 책의 해설에서, 주인공 알랭을 '죽음' 그 자체라고

---

* Dasein. 현존재. 독일 철학자 하이데거의 용어로, 자기를 현재 '거기 있는' 존재로 자각하는 (존재) 인간의 실존을 말한다.

단언하는 건 좋지 않은 것 같다. 개인적인 생각으로 알랭은 결코 '죽음' 그 자체가 아니다. 그가 처음부터 자살할 결심으로 여기에 나타난 것을 등장인물들은 쉽게 깨닫지 못하고, 호텔 주인의 상스러운 수다를 통해 비로소 그것을 알아차리는데, 작자가 알랭을 형상화하며 말하고 싶었던 것은 죽음의 결심이 사람들에게 주는 투명하기 그지없는 만능성일 것이다. 살려고 하는 의지가 이미 포기되어 있기에, 그 주위에 몰려드는 정신적으로 죽은 사람이나 지적으로 병든 사람은 이러한 자기 포기에 결코 대적하지 못하는 자신들을 발견하고, 지극히 자연스럽게 알랭의 왕권에 굴복하는 것이다. 알랭의 왕권은 다만 이 한 점에서 출발하여 모든 사람을 굴복시켜 버린다. 사람들은 알랭의 수수께끼, 알랭의 불가사의함에 끌리는데, 그것은 그가 이미 '저편'에서 이쪽을 바라보고 있다는 것을 깨닫지 못하기 때문이다. 내기에 깨끗이 승복하는 것도, 인간관계에서의 초월성도, 결코 알랭이 다른 부류의 사람이라서가 아니라, 그저 알랭이 사람들을 순식간에 얼어붙게 만드는 어떤 관점을 획득했다는 것에서 비롯된다. 이런 관점을 그라크는 아마 일반적인 소설 작가의 시점과는 다른 그 자신의 작가적 시점으로 설정한 것이리라. 따라서 사람들은 알랭이 이 세상의 것이 아닌 눈으로 바라보고 있음을 깨닫지 못하고, 오로지 알랭을 응시하며 방황하다가, 그 결과 알랭에게 빠져들고 만다. 알랭은 본래 바라보이는 존재가 아니라, 소설 속에서 노골적으로 모습을 드러낸 '보는 자'인데, 그의 아름다움이 아무래도 사람들의 시선을 끌고 만다. 더욱이 그의 육체적 매력은 실은 이미 그 자신으로부터 완전히 버림받은 것이다.

상당히 미묘한 내용을 멋지게 교묘히 돌려 말하는 프랑스적 문체 때문에 필요 이상으로 문학적 냄새를 풍기는 것은 어쩔 수 없다. 그러나 이 불길하고 우울한 돈 후안은 현대에 우울의 가치를 부활시켰다. 그것은 1910년대 이후로 아무도 돌아보지 않던 것이다.

그런데 나의 독서는 얼마나 편파적인지. 쥘리앵 그라크의 소설을 읽고 나서 며칠 뒤에, 나는 무라카미 이치로村上一郎의 단편소설집 『무사시노 단창武蔵野斷唱』을 읽고, 권말에 수록된 「히로세 해군중령広瀬海軍中佐」이라는 한 편에 감동받았다.

이 단편집을 읽게 된 건 영혼을 전율시키는 『기타 잇키론北一輝論』*의 저자가 어떤 소설을 쓸까 하는 순수한 호기심에서였는데, 여기서도 내가 만난 것은 남방코끼리물범으로부터는 무한히 먼 소설이었다. 이쯤에서 말하자면, 남방코끼리물범으로부터 무한히 멀다는 것은 발자크로부터 무한히 멀다는 것과 거의 같은 뜻이다.

이렇게 말하면 실례가 되겠지만, 무라카미 이치로의 소설

---

* 이차세계대전 전 우익의 이론적 최고지도자였던 기타 잇키를 조명한 평전.

기교는 요즈음의 아쿠타가와 수상작의 능숙한 기교와 비교하면 서투르기 그지없다. 그러나 이 정도까지 서투르다는 것은 현대에서 무엇인가를 의미하고 있는데, 적어도 사람은 진심이 없으면 이만큼 서투르게 소설을 쓰기란 불가능하다. 서툴러서 오히려 일종의 그윽한 향기를 풍기는 소설을 실로 오랜만에 만난 것이었다. 거기에 담긴 감정이 감질나는 표현에 몸부림치고, 비백 무늬가 든 감색 기모노와 무명으로 지은 겉옷 같은 소박함을 훤히 드러내며 모든 기교를 싸구려처럼 보이게 하고, 자타에 대한 분노로 이리저리 잉크 방울을 튀기며, 원래는 목숨을 걸어야만 할 수 있는 말을 소설과 서정시를 뒤섞은 형태로 말하려는 그 색다른 분방함이 너무나 아름다운 소설. 나는 문득 요시다 겐이치*의 소설과의 유사성을 (문체나 주제도 완전히 다르지만) 발견하고 마음이 설렜다.

줄거리는 전쟁 중에 해군의 주계 장교가 된 '내'가 히로세 중령의 위령제 제문祭文에 감동하지만, 자신은 죽지 않고 종전을 맞은 후, 전시 중에 죽음을 접하며 마음을 접었던 여성과 전쟁 후에 바람대로 사랑을 이루고 아내로 맞아 가난한 생활 속에 아이를 얻고, 여전히 예의 제문을 마음에 품고 있

---

*   吉田健一. 일본의 영문학번역가, 평론가, 소설가. 근대 일본 문학의 주류였던 사소설적 성격을 거부하며 대중소설과 순문학의 구별 없이 말로 독자를 매혹하는 것이 문학의 근본 조건이라고 강조했다.

어서 그것이 끊임없이 마음의 번민을 키운다는 단순한 이야기다.

그러나 아름답게 죽는다는 행복과 남들처럼 평범하게 사는 행복의 대비를, 이 단편만큼 양자택일의 견딜 수 없는 잔혹함으로 선명히 드러내는 작품은 드물다. 지상에서 가장 아름다운 문자라고도 할 만한 제문의 강한 암시 효과, 거기에 담긴 압도적 '죽음의 행복'이라는 관념은 언제나 이 지상의 행복 위에 드리워져 있고, 무라카미는 가장 극적인 대립 관념을 겁도 없이 적나라하게 던져놓으며, 그만의 '소설'을 만들어낸 것이다.

나의 소설 쓰기

1

여기서는 소설의 방법에 대해 동서고금의 지식을 과시하라는 게 아니라, 개인적으로 소설에 대한 비법을 살짝 공개하라는 요청 같으니, 가능한 한 솔직하게 내 작업실을 보여드리려고 한다.

대체로 예술이 공통된 양식을 잃고 각각의 방법론에 따라 만들어지게 된 것이 근대의 특징 내지는 공통된 폐해인데, 소설은 겨우 19세기에 접어들고 나서 발달했으니, 당연히 방법론적 예술이라고 할 수 있을 것이다. 희곡처럼 고전적 양식과 방법이 확립된 장르에서는, 아무리 변형된 근대 희곡이라고 해도 엄밀히 방법론적 예술이라 부르기는 어렵다.

내가 끊임없이 희곡에 마음을 빼앗기는 것은 소설의 근대적 특징으로부터의 도피이기도 한데, 그 점은 차치하더라도 방법론적 예술이라는 것은 언어적으로 모순이고, 이 말이 예술로서의 소설의 구성요건이 얼마나 모호한지를 상징하고 있다고 해도 과언이 아니다.

"진정한 소설은 소설에 대한 '부정non'으로부터 시작된다. …『돈키호테』는 소설 속에서 이루어진 소설 비평이다."

티보데A. Thibaudet의 이 유명한 말은 질리도록 자주 인용되어 독자들도 잘 알 것이다. 이렇게 태생적으로 고독한 상태인 소설은 언제나 그림이나 음악 같은 예술, 즉 의심의 여지가 없는 예술과는 다른 존재일 수밖에 없다. 그림에는 색채가 있고 음악에는 소리가 있다. 우리는 일상생활에서조차 색채나 소리에 대해서는 예술적 선택을 하며 익숙해져 있다. 그러나 소설은 언어, 언어, 또 언어뿐이고, 더욱이 그 언어는 시처럼 음운법칙에도 희곡처럼 구성적 법칙에도 묶여 있지 않다.

소설은 이렇게 자유롭다. 감당할 수 없을 만큼 자유롭다. 어떤 천박한 말을 해도 되고, 속어를 써도 되고 외국어를 써도 된다. 방법도 방임되어 있다. 여기서 나는 '왜 사람은 소설을 쓰는가?'라는 중요한 문제를 일부러 제외하며 말하고 있는데, 소설은 누구나 쓸 수 있고, 또 어떻게든 쓸 수 있다. 긴 소설이 쓰고 싶으면 400자 원고지 오천 장을 쓰든(아마 출판은 어려울 테지만), 짧은 소설을 쓰고 싶다면 세 장을 쓰든 모두 자유이다. 그러나 소설에는 고전적 방법이 없기에, 방법을 모색할 때 비평 정신이 큰 역할을 한다. 『돈키호테』가 그 이전의 기사도 소설에 대한 비평에서 생겨났듯이, 소설가가 소설을 쓸 때 최대의 과제는 기성 소설에 대한 비평을 방법론의 근본에 두는 것이다.

그런데 앞에서도 말했듯이 '비평→방법→예술'이라는 절차는 그렇게 간단하지 않다. 소설이 방법론적 구조를 어떻게 극복할지는 화가에게 색채와 광선이 문제인 것과 마찬가지로 문학의 숙명적 소재인 언어의 문제와 관계가 있다.

소설을 예술로 성립시키는 것은 전적으로 이 언어, 즉 문체라고 해도 된다. 이 글의 제목이 '문장강좌'라고 되어 있는데,* 사실 나는 일본에서 문장이라는 말을 사용하는 방식을 그리 좋아하지 않는다.

나는 내 나름대로 문장이라는 말과 문체라는 말을 구분해서 사용하고 있다. 예를 들면 '시가 나오야志賀直哉는 좋은 문장을 쓴다'라고 말하는 것은 괜찮다. 나는 인정한다. 그러나 '시가 나오야는 훌륭한 문체를 가졌다'라고 말하는 데에는 조금 이의가 있다. 이에 반해 내 생각에 '모리 오가이森鷗外는 좋은 문장을 쓰는 동시에 훌륭한 문체를 가진 작가'이며 '발

---

* 이 글은 가와데쇼보에서 출간된 『문장강좌 4』에서 처음 소개되었다.

자크는 나쁜 문장을 쓰는 동시에 모범적 문체의 소유자'이다.

문체는 보편적이고 문장은 개성적이다. 문체는 이념적이고 문장은 체질적이다. 개성적이고 체질적인 문장만이 소설을 예술로서 성립하게 한다는 것이 '기예'에 대한 일본적 사고방식이다. 또 문장은 한 개인의 행위와 마찬가지라서 구체성과 분리될 수 없고 직감적으로만 전승될 수 있다. 일본의 기예는 모두 이런 방법으로 전승되었고, 방법론은 전혀 재검토되지 않았다. 그래서 만일 순수하게 문장만으로 구성된 소설이 있다고 한다면, 그것은 방법론적 예술이라고는 할 수 없기에 진정한 소설이라고도 할 수 없는 것이다.

문체는 보편적이며 이념적이다. 즉 문체라고 불리려면 어느 국한된 환경에서 국한된 행위나 감각에만 타당한 것이 아니라, 무릇 인간에 관계한 모든 것에 타당해야 한다. 아사쿠사의 오코노미야키 가게의 묘사에만 타당한 것은 문장에 불과하고, 문체는 물론 그런 것까지 묘사할 수 있을 뿐 아니라, 대규모 공장에서도 정부의 내각회의에서도 북극의 항해에서도, 모든 것을 묘사할 수 있고, 모든 것에 타당하다. 문체란 소설가가 세상을 해석하는 근거다.

선종의 이른바 불립문자不立文字 같은 구체적이고 직감적인 세계의 해석은 소설가와는 거리가 멀다고 해야 할 것이다. 소설가는 우선 말을, 글자를 근거로 한다. 그리고 문체로 세계를 해석한다.

아까 나는 문체와 대비시켜 문장을 개성적이며 체질적이라고 했는데, 그것은 물론 뉘앙스의 차이일 뿐, 문체야말로 개성적이고 체질적인 것이 보편적이고 이념적인 것으로 지양되도록* 매개체 역할을 한다. 한편 철학이나 법률학의 글은 글을 구성하는 용어가 원래 보편적이고 이념적인 것을 표현하기 위해 만들어진 것이므로, 개성적이고 체질적인 기반이 없다는 점에서 소설의 문체와 다르다. 따라서 만일 명문장을 쓰는 철학자가 있다면, 그는 전적으로 체질적인 것으로부터 직접 명문장의 맛을 철학 용어 사이로 배어 나오게 한 것이라고 할 수 있을 테니, 그는 '문체의 소유자'라기보다 '좋은 문장을 쓰는 사람'이라고 하는 것이 적당할 것이다.

이제 문체의 문제는 당연히 소설의 주제의 문제와 관련될 수밖에 없다.

소설가는 문체로써 세상과 대결하므로, 저절로 그가 평생 쓰는 소설의 주제는 모두 문체의 문제에 포함되는 셈이다. 독자는 테마소설이라 불리는 주제를 노출한 소설을 알 것이다. 그러나 아무리 인체의 중심이 골격이라고는 해도, 엑스레이로 찍은 미인의 해골은 미인이라고 할 수 없을 것이다.

---

* Aufheben. '지양'이란 '폐기함'과 동시에 '보존하는' 것으로, 어떤 '개념'을 기초로 그 '개념'의 '한계'와 '결함'을 제거하고 한층 더 고차적인 '개념'을 제시하는 것.

소설가가 청년 시절부터 서서히 자아에 눈뜨고 자아와 세계가 대립하게 되면서, 그 대립 정도에 따라 주제는 다양하게 변화한다. 큰 얼개는 하나이지만, 그가 소설을 쓰는 나이에 따라 다루는 주제는 다양한 변화를 보일 수밖에 없다. 주제의 근거가 되는 것이 문체라고 앞에서 서술했는데, 그 주제를 소설의 각부로 전달하는 것도 역시 문체이다.

문체의 보편성과 이념성 없이 주제는 소설의 구석구석까지 균등하게 침투할 수 없다. 만일 문체가 충분히 보편적이지도 이념적이지도 않다고 가정해보자. 문체를 통해 나온 주제는 당연히 애매해질 테니, 소설가는 자신이 경험한 교양을 토대로 철학적 사유를 해보고, 다른 독립된 보편적이고 이념적인 주제를 생각해 낼 수도 있을 것이다. 그러나 문체는 그것을 전달하는 힘이 부족하다. 그러면 소설의 어느 부분은 구체적이고 개성적인 문장으로 보충되는 수밖에 없어지고, 소설 전체의 균질성과 균형이 무너진다. 소설은 무턱대고 이론만 내세우는 노골적인 주제와 매우 감각적인 구체적 묘사가 물과 기름처럼 하나로 융화되지 않은 묘한 잡탕이 될 뿐이다.

그래서 문체는 소설의 구성 내지 구조의 문제와도 관련된다. 문체 없이 주제가 없듯이, 문체 없이 구성도 있을 수 없는 것이다. 세부와 세부를 연결하고 그것을 항상 전체와 연결하는 기능이 쉼 없이 작용하기 위해서는 문체가 살아 움직여야 한다.

  소설뿐 아니라 하나의 작품이라면 다 해당되는데, 우선 작품은 전체로서 하나여야 한다. 동시에 모든 세부가 살아 있어야만 한다. 그런 작품을 만들기 위해 소설가로서 우리는 방법론을 먼저 펼친다. 거기서부터 시작한 이상, 우리는 끝까지 방법론을 밀고 나갈 수밖에 없다. 세부에서 실패해서 말초적 감각에 발목을 잡히거나 감상에 한눈을 팔다가는 모든 게 와해되고 마는 것이다.

2

  대단히 원론적이고도 이상적인 논의를 서술했는데, 이런 이론에 따르기만 한다고 반드시 전체로서 하나의 세계인 동시에 완전한 세부를 가진 걸작이 탄생하는가 하면 그렇지는 않다.

  소설의 문체는 이론적으로 만들어지는 것이 아니다. 언어를 사용하는 기량은 꾸준한 훈련을 통해서만 생긴다.

  그러기 위해서는 화가가 물감을 다루거나 작곡가가 소리를 다루는 것과 완전히 똑같은 훈련이 필요하다. 전에 이런 이야기를 들은 적이 있는데, 화가가 프랑스에 공부하러 갔다가 귀국한 뒤에 장족의 발전을 하는 건, 꼭 서양의 걸작을 많이 접하거나 해외의 새로운 조류를 가까이서 접해서가 아니라, 정말 단순하게도 외국에 있을 때 매일 아침 규칙적으로

(그리고 싶은 마음이 있든 없든) 일정 시간 이젤 앞에 앉는 습관이 자연스럽게 생겨서, 귀국 뒤에도 그 습관을 지킬 때, 그런 습관 없이 무계획적으로 기분 내키는 대로 그림을 그리는 화가에 비해 훨씬 현저한 발전을 보인다고 한다.

소설의 방법이라고 하지만 실제로 길은 하나밖에 없고, 이러한 꾸준한 기교의 단련이 전부다. 이런 사실을 생략하고 소설의 방법을 이야기해봤자 공중누각이나 마찬가지다.

그러나 세상에 음치가 있듯이, 언어 감각이 선천적으로 둔감한 사람도 있다. 그런 사람은 소설을 쓰지 않으면 되는데, 말은 일상적으로 사용하는 것이라 누구나 자유로이 구사할 수 있다는 통념이 있어서, 자신만의 문장도 없고 문체도 없이 자칭 걸작이라며 겁도 없이 오백 매나 되는 글을 써서 원고지를 쓸데없이 낭비한다.

말의 각각의 비중, 소리의 울림, 상형문자의 시각적 효과, 속도의 완급…. 이런 감각을 타고난 사람이 훈련에 훈련을 거듭하여 마침내 자신의 문체를 가지고 비로소 소설을 써야 한다. 영감이나 인생 경험으로 갑자기 소설을 쓰려는 사람이 끊이지 않는 것은 앞에서도 언급했듯 말이라는 것을 누구나 자유로이 다룰 수 있다는 착각, 말에 대한 존경의 결여에서 비롯된다. 이런 착각을 바로잡지 않은 게 일본의 자연주의문학의 최대 과오였다고 할 수 있다. 그전까지 일본의 문학적 전통에서는 '말의 영력이 복을 불러오는 나라'*라는 말처럼,

말에 대해 경애하는 마음을 가졌다. 프랑스는 오늘날에도 그렇다.

자연주의문학이 만들어낸 소설의 '소박한 리얼리티'가 어쩌다 이렇게까지 현대 일본인의 머릿속에 깊이 스며들었는지 나는 도저히 이해할 수가 없다. 소설에서 '그럴듯함'이라는 문제가 대체로 작가와 소설의 밀착 관계를 통해 보증되는 지경에 이른 것이다.

나는 자연주의문학과 파생 장르인 사소설의 피해를 받은 건 작가 본인보다 오히려 소설의 독자라고 생각한다. 소설은 정당한 독자를 잃은 것이다. 즉 독자는 소설을 소설로 읽는 습관을 잃은 것이다.

이 문제를 깊이 다루려면 소설의 방법이라는 주제에서 벗어나게 되므로, 근대소설과 고백의 관계, 사소설과 근대소설의 고백성의 관계 등의 큰 문제들은 이토 세이**에게 맡기기로 하고, 나는 일본의 소설 독자가 얼마나 '소박한 리얼리티'에 사로잡혀 소설 읽기를 좋아하는지 익히 들은 실상을 다시 한번 제시하기만 했다.

나는 소설의 방법을 논하면서, 소설이 전적으로 근대적인

---

*　言霊の幸はふ国. 일본에서 가장 오래된 시가집 『만요슈(萬葉集)』에서 일본을 노래한 시구.
**　伊藤整. 일본의 시인이자 소설가, 평론가. 총 24권의 문학비평서 『일본문단사(日本文壇史)』에서 자연주의와 반자연주의를 다루었고, 저서 『소설의 방법』에서 '근대소설의 근원에 작가 본인의 고백성이 있다'고 주장했다.

예술로, 수입된 예술이며, 그 점에서는 서양화나 서양음악이나 신극新劇과 조금도 다르지 않다는 점을 내 나름대로 강조했다. 이렇게 강조한 이유는 내가 근대소설을 예술상의 역사적 한 장르로 한정하는 자세를 가졌기 때문이다. 이 자세를 현재 가장 강력하게, 또 이론적으로 밀어붙이고 있는 비평가가 나카무라 미쓰오中村光夫이다.

일본인이 서구문화를 수입하면서 가장 소홀히 한 문제는 서구문화의 체계성이라고 생각한다. 확실히 철학과 법률 분야에서는 상당히 훌륭하게 계승되어 소화되었다. 그러나 예술 분야에서는 이 점이 가장 등한시된 것이다.

대체로 일본의 예술사는 장르가 뒤섞이면서 형성되어 왔다. 초기의 이야기物語 문학은 시가문학의 머리말이 진화한 것이었다. 희곡은 문학으로서 좀처럼 독립하지 못한 채 잡다하고 넘쳐나는 연극성 속에 방치되었다. 아이러니하게도 문학으로서 독립한 지카마쓰 몬자에몬의 희곡은 희곡이라기보다는 가타리모노*에 속하는 것이었다. 음악은 언제나 가사에 종속되어 있었다. 또 소설만 하더라도(여기서 의도적으로 소설이라고 정의하는데), 단편소설인지 장편소설인지 판단하기가 애매하고,『쓰쓰미추나곤 이야기堤中納言物語』나 후대의『우게쓰 이야기雨月物語』『하루사메 이야기春雨物語』와 같은

---

* 語り物. 곡조를 붙여 악기에 맞춰 낭창(朗唱)하는 이야기나 읽을거리.

순수한 단편집을 제외하고, 『겐지 이야기』 같은 장편소설도 54첩의 각 에피소드로 구성되어 있으며, 이하라 사이카쿠井原西鶴의 장편도 연작 형식을 취하고 있다.

반면 서구의 경우 그리스에는 소설이란 것은 없었으나, 서사시, 서정시, 비극, 희극의 시대가 각각 순차적으로 펼쳐졌고, 산문 역시 아티카 지방에서 확립되었다. 장르의 변별은 고대부터 명확하게 시작되어, 아리스토텔레스의 백과사전적 연구를 통해 고대문화의 체계가 구축되었다.

이를 문화의 구성력이라 불러도 좋고, 역사를 지적, 논리적으로 밀고 나가는 힘이라 불러도 좋다. 실로 분류적 사고 없이 종합적 사고는 없다. 소설도 서구에서 탄생한 예술인 이상, 넓게 말하자면 이러한 문화의 논리적 구조를 내포하고 있다. 그것은 동시에 소설을 소설로 성립시킨 힘이며, 소설을 다른 분야로부터 독립시켜 하나의 장르로서 변별한 분류적 사고에 기반하고 있다. 소설 하나만 떼어놓고 봐도 세상에서 마치 새로운 건물을 하나 세우듯이 '장편소설의 구성'이라는 표현을 쓰는데, 여기에도 서구문화의 특성이 근본적으로 내포되어 있다.

따라서 나는 일본에서는 소설이 『돈키호테』처럼 '소설 속에서 이루어진 소설 비평'으로서 성립하기 전에, 먼저 '소설이란 무엇인가'라는 문제부터 쓰기 시작해야 한다고 생각한다. 이 근원적 사색이 사실 우리가 소설을 쓰기 위한 근본 조건이다. 그와 동시에 일본에서는 이러한 사색이 기성 자연주의 분파 소설에 대한 '소설 속에서 이루어진 비평'이 될 것이라는 점은 티보데가 말한 대로이다. '우리가 왜 소설을 쓰는가?'라는 문제는 그 후의 문제이다.

3

나는 의도적으로 정신주의적 논의를 피해 왔는데, 그것은 너무나 익히 듣기도 했고, 고루한 소설 선생님들이 입버릇처럼 말하는 것도 소설가의 마음가짐의 문제이듯, 일본에서는 꽃꽂이나 속요 선생님들을 비롯해 소설에서도 그런 가르침이 중시되는 것은 주지의 사실이다.

소설가는 성실해야 하는가? 그런 질문 자체가 어리석은 게 사람은 당연히 성실해야 한다. 그리고 조금 과감한 표현이 허락된다면, 사람에게 어떤 경우는 정직이 미덕이고, 어떤 경우에는 거짓도 미덕일 수 있듯이, 소설가도 역시 그런 것뿐이다. 소설가만이 성실을 내세우는 건 위선이다. 소설가의 도덕이 무엇일까 생각해볼 때, 모든 예술가의 도덕은 미묘해서, 소설가라면 얼마나 진지하게 전력을 다해 일에 몰두하느냐 하는 것이 최대의 도덕이라고 할 수밖에 없다. 아무리 사생활이 도덕 교과서 같더라도, 소설에 대해 도덕적이지 않은 소설가는 부도덕한 사람이다.

나는 첫머리에서 소설의 방법에 대해 동서고금의 지식을

과시할 게 아니라 가능한 한 솔직하게 작업실을 공개하겠다고 했는데, 여기까지 읽은 독자는 그 점에서 크게 불만일 것이다. 그러나 지금까지 서술한 원론적 사항은 소설을 쓸 때 내가 반드시 염두에 두는 문제이다. 이 문제의 복잡함과 어려움이 내게 주는 정신적 피로는 이만저만이 아니다. 내 작업실을 공개하려면 아무래도 이만큼 긴 서두가 필요한 까닭이다.

나는 소설을 쓸 때 우선 첫째로 대단히 곤혹스럽다. 속수무책일 정도로 곤혹스럽다. 내가 일본에서 도쿄의 한구석에서 소설 한 편을 쓰기 시작한다는 것은 불가능한 일이 아닐까 생각할 때가 있다. 그래서 솔직히 말하자면 내 소설은 이 불가능한 일과 얼마간의 타협을 하며 시작된다고 할 수 있다. 그 점에서 나도 한 명의 부도덕한 인간일 것이다.

나는 조금이라도 좋은 소설을 쓰려면 소재를 오래 숙성시킬 필요가 있다고 생각한다. 누구나 그렇게 생각할 것이다. 소재를 조감할 수 있으려면 시간이 필요하다. 소재의 각 부분의 배분, 전망, 구성은 소재가 현실이라는 알껍데기로 감싸여 있는 동안에는 생기기 어렵다. 소설은 현실을 재구성해서 종이 위에 제2의 현실을 등장시켜야 한다.

소설의 복안이 떠올랐을 때, 단편에서는 마지막 장면, 장편에서는 가장 중요한 장면의 이미지가 분명히 떠오를 때까지 기다리는 게 나에게는 중요하다. 그리고 그 이미지가 단순한 장면으로서가 아니라, 분명하고 강력한 의미를 띠기 시작해야 한다. 상징적이지만 동시에 시각적 어떤 장면이 떠오르면, 그것은 시각적이면서 음악적인 감동을 나에게 불러일으킨다. 나는 그 음악을 음미한다. 어쩌면 그러는 동안에 그 소설의 문체가 결정되기 시작하는 것 같다. 이렇게 말하면 소설가는 자신이 쓰는 소설의 문체를 각각 다르게 쓸 수 있다고 오해할지도 모르지만, 우리가 자신의 육체를 빠져나가지 않는 것처럼, 문체도 개성에서 완전히 이탈하는 일은 불가능하다. 불가능하기는 하지만, 소설가는 창조의 자유라는 자각을 따로 갖고 있어서, 자신의 한계에 대해 그리 염려하지 않는다.

이제 이미지가 어떤 강력한 의미를 띠기 시작한다. 거기서부터 주제가 결정되기 시작한다. 나는 그 주제를 놓치지 않으려고 안달하며, 최대한 주위에 붙잡아 두고, 최대한 천천히 음미한다. 주제가 서서히 각 장면을 두드러지게 하고, 각 장면과 각 인물의 농담濃淡과 비중이 명확해진다.

나는 이미지가 다 그려지고 소설이 이미 쓰인 것처럼 세부가 떠오를 때까지 기다릴 수는 없다. 탐정소설이라면 더더욱 그런 다음에 쓰기 시작하면 창작욕이 감퇴할 것이고, 세부가 소홀해질 것이다. 하지만 머리로는 전체의 전망이 완성되어 있다. 당연히 수정이나 때로는 근본적 변경 가능성도 있지만, 전체의 청사진은 이미 나와 있다. 세부는 아직 방치

되어 있다. …이런 상태가 소설을 드디어 쓰기 시작할 때의 나의 유쾌한 상태이다.

사실 쓰기 시작하자마자, 유쾌한 기분은 흔적도 없이 사라진다. 한 줄 한 줄이 벽이 되고, 조각끌에 반항하는 대리석이 된다. 이 작업이 일상의 훈련이다. 독일어의 이른바 일상의 일^{tagewerk}인 것이다. 군인에게 훈련이 실전이며, 실전이 동시에 훈련이듯이, 실전 경험 없이 훈련만으로 좋은 군인이 만들어질 리가 없고, 소설을 쓰지 않고 소묘만으로 소설가가 될 리가 없다. 하나의 새로운 소설의 제작은 하나의 새로운 훈련의 장이다. 인내와 의지가 필요하다.

장편소설에서는 작가 자신을 위해서도 독자를 위해서도 긴장감 있는 장면 뒤에 숨을 돌릴 장면이 많이 만들어진다. 그럴 때 숨을 돌리는 장면을 제대로 유지하는 것은 바로 문체의 힘이다. 글의 각 세부에는 완급 조절을 위한 다양한 뉘앙스가 있지만, 문체는 모든 세부에 걸쳐 같은 질을 유지해야 한다.

장편소설의 각 장, 각 절, 각 문단의 단락이 순조롭게 진행될 때 작가는 한없는 희열을 느낀다. 암시적 대화로 그런 단락을 만드는 것은 가장 쉬우면서 가장 효과적인 방법이고, 나는 종종 그것을 사용했다. 그러나 지문으로 단락을 마무리하는 것이 훨씬 어렵지만 더 세련된 방법이다.

장편소설의 결말을 풀어가는 방법은 대단히 어렵다. 이즈미 교카 같은 낭만파 작가는 매우 기상천외한 방법을 이용한다. 교카의 『풍류선風流線』은 통속소설로 분류해도 될 작품인데, 결말의 짧은 장 「큰 물소」에서 그리스 비극의 대단원처럼 등장인물의 태반을 픽픽 죽여버린다. 그리고 기묘하게도 이렇게 대단원을 급하게 처리한 덕분에 『풍류선』을 읽은 뒤에는 일종의 장엄함을 느끼게 된다.

독일식 교양소설은 원래 결말을 낼 수 없는 소설이다. 동서고금의 대문호들은 대개 주인공의 죽음이나 아니면 가출(『파르마의 수도원』)로밖에 결말을 내지 못하는 작품을 많이 썼다. 장편소설은 제멋에 겨워 허세를 부리며 암시적으로 끝내기보다는, 촌스럽게 구식으로 끝내는 게 맞는 방식이 아닌가 생각된다. 그 점이 단편소설의 결말과 다른 부분이다.

그리고 작가는 소설을 다 쓴다. 마지막 한 장을 쓸 때의 흥분과 행복감은 비길 데가 없다. 그러나 다 쓰고 흥분이 깨지 않는 하룻밤이 지나면, 형언할 수 없는 허무감이 덮쳐오는 게 보통이다. 소설의 제작은 임신과 출산에 자주 비유되는데, 아이를 낳고 나서 이런 허무감에 사로잡히는 어머니는 아마 없을 것이다. 이 허무감과 가장 비슷한 것은 오히려 성교 뒤에 남성이 느끼는 허무감이다. 그는 술을 마신다. 며칠이 지난다. 그리고 다시 같은 허무감에 도달하기 위해 원고용지를 마주하는 것이다.

나의 창작 방법

1

결론부터 말하자면 나의 방법론적 노력은 최종적으로 잠재의식의 활동을 가장 민첩하고 활발하게 하기 위한 것이다. 나의 잠재의식은 무한정, 무형식 상태에서는 아무래도 활발히 움직이지 않는다. 흐물흐물한 혼돈 속에서 오히려 잠재의식이 활발히 움직이는 작가도 있다. 나는 그런 부류의 작가는 아니다. 무엇인가로 묶고 방향과 목적을 분명히 정하고 그곳에 이르는 길을 정밀하게 정하고 나서야 마음이 자유로워진다.

내가 언젠가 정확히 짠 일정대로 멕시코 여행을 마치고 돌아왔을 때, 멕시코를 잘 아는 친구 말이 내가 보고 온 건 멕시코가 아니라고 했다. 멕시코는 계획 없이 되는 대로 움직이는 여행자, 시간에 상관없이 마음 편하게 다니는 나그네의 눈에만 진정한 모습을 드러낸다는 거다. 분명 그런 멕시코도 있을 것이다. 그러나 내가 본 멕시코도 멕시코가 맞다. 친구는 또, 내가 한 여행은 공무원이나 하는 여행이지, 적어도 예술가가 하는 여행이 아니라고 놀렸는데, 나는 꼭 그렇게 생각하지 않는다.

그런 나라에서는 호텔이나 비행기, 버스의 예약을 완전히 확정해 두지 않으면, 예상치 못한 정신적 피로가 발생할 가능성이 있다. 나는 내 몽상을 순수한 형태로 발휘시키기 위해, 아무래도 그런 잡일이나, 예상치 못한 번거로움이나 곤혹스러움, 어쩌지 못하는 사태나, 예정 변경 등으로 고민하고 싶지 않은 것이다. 그리고 그런 걱정거리는 여행을 떠나기 전에, 최대한 완전히 해결해 두고 싶다. 그렇게 해 두면, 예상 밖의 기쁨은 만나지 못할지 몰라도, 예상 밖의 차질 역시 만나지 않을 가능성이 크다. 그리고 여행에서는 누구나 알듯이, 예상 밖의 기쁨이라는 것은 예상 밖의 차질에 비하면, 거의 백 분의 일이나 천 분의 일 정도의 비율로만 존재한다.

이런 여행은 굳이 이름을 붙이자면, 고전주의적 여행법이라고 불러야 할 것이다. 그리고 고전주의는 바로 방법론의 중시와 장르의 분류로 이어진다. 나는 내 본질이 고전주의자라고 생각하는 건 아니지만, 방법론상으로는 분명한 고전주의자이다. 그리고 이런 여행 방식에서는 일 년짜리 여행과 사흘간의 여행은 정도의 차이만의 문제가 아니라 완전히 방법상 다른 장르에 속한다. 장편소설과 단편소설의 차이가 그저 길이의 차이일 수만은 없듯이.

소설은 예술의 자격이 주어지는 가장 수상쩍고, 가장 자유롭고, 어수선한 문학 형식이다. 그리고 소설은 생성하고 발전하는 구성상의 특징을 가진 가장 역동적인 문학 장르라는 인식이 있다. '자유롭다'라는 전제가 각종 문제를 내포하고 있는데, 만일 예술이 제작자와 감상자 사이에 어떤 약속이 있어야 성립할 수 있는 것이라면(이것은 예술뿐 아니라 스포츠나 게임에서도 마찬가지다), 소설은 이에 대해 미리 정한 약속 하나 없이 그때그때 작가의 개성에 따라 약속이 만들어지는데, 가장 중요한 특색은 제작자도 감상자도 마치 약속 따위는 처음부터 없는 척하는 약속이 있다는 점일 것이다.

소설 형식이 전통적으로 낭만주의적인 무형식과 개성 존중에서 벗어나지 못하는 이상, 당연한 결과이며, 개성이 선행될 때 고전적이고 보편적 방식이 있을 리가 없다.

그러나 아이러니하게도 그래서 더욱 소설만큼 방법론을 고민해야 할 숙명을 짊어진 장르도 드물다. 왜냐하면 고전적인 방식이 당연한 전제로 정해져 있다면 그 밖의 작업은 완전히 자유롭지만, 만일 소설이 본래의 사명에 따라 완전히 자유롭기를 기대한다면 반드시 방법론이 확립되어 있어야 하기 때문이다.

모든 자유의 문제에 내포된 역설은 이렇게 그대로 소설의 문제에 해당한다. 소설의 제작 자체는 결코 완전히 주지적 작업일 수는 없지만, 소설이 방법론 면에서 다른 어떤 장르보다 주지적일 수밖에 없는 것은 이 때문이다.

가짜 소설이 많이 파생하는 원인도 여기에 있는데, 방법만 완전히 주지적이라면 소설로서 힘이 없어도 '소설'이라는 이름으로 통용되기 쉽고, 신들린 듯한 힘이 전혀 없는 작품조차, 소설로서의 면허증을 취득하는 일이 일어날 수 있다. 이것은 원래 소설이라는 장르의 자유에서 발생한 결과임에도 불구하고 그 자체가 하나의 형식주의임이 틀림없고, 소설 장르에서는 이렇게 '자유가 낳은 형식주의'라는 폐해도 생겨나기 쉽다. 이 점에서 나는 이른바 '새로운 소설'에 언제나 회의적일 수밖에 없다.

2

이야기를 조금 구체적으로 해보겠다.

내가 장편소설 한 권을 쓸 때의 창작 방법은 대략 다음과 같다.

첫째로 주제를 발견하기.

세상에는 소설이 '진귀한 재료'를 요리하여 완성된다고 생각하는 사람이 여전히 넘쳐나고, 그 와중에는 어떤 소재를 제공해주고 아무리 기다려도 내가 그것을 소설화하지 않는다고 화를 내는 사람도 있다.

재료는 아무 데나 굴러다닌다. 다만 어느 시점의 나의 내적 욕구에 딱 맞는 재료는 쉽게 발견되지 않는다. 우리 소설가는 회중전등을 손에 들고 어두운 길을 더듬으며 걷는 사람 같은 존재다. 어느 때 길 위의 맥주병 조각이 회중전등의 빛을 받아 강하게 빛난다. 그 순간 나는 재료와 함께 주제를 발견한 것이다.

어떤 재료가 나를 매혹할 때, 처음 한동안은 왜 그것이 그렇게 매력적인지 전혀 알 수 없지만, 무의식중에 그때의 나의 내적 욕구가 마침 그것에 상응하는 것을 그 재료 속에서 찾아냈기 때문이다. 그 알 수 없는 매혹은 재료 자체의 속성이라기보다는 나 자신의 내적 욕구가 투영된 것이다. 나는 거기서 나도 모르게 하나의 '주제'를 발견한 것이다.

그러나 나는 그 주제를 애매한 미발견의 형태로 남겨 두고 바로 제작에 착수하는 일은 거의 없다. 우선 그 재료를 선별하고 체에 걸러 진수를 추출하려고 애쓴다. 그리고 자신이 무의식적으로 그것에 끌리고 있었던 마음을 철저하게 분석하여, 우선 모든 것을 의식이라는 빛 아래로 끌어낸다. 재료를 구체성으로부터 떼어놓고, 추상성으로까지 바짝 좁혀버린다.

그 작업은 동시에 주제를 나 자신에게 끌어당겨, 서서히 자신과 주제를 동일화하는 작업이다. 따라서 작업에는 시간이 걸리는데, 짧아야 반년, 길면 몇 년이 필요하다. 그 과정에서 도저히 자신이 그 추상화된 주제에 동화되지 못하면, 쓰기를 포기하는 수밖에 없다.

둘째로 환경milieu **연구하기.**

자, 나는 이 재료 혹은 주제로 소설을 쓰기로 정했다.

다음은 한 번 추상화된 주제를 다시 최대한 정밀한 구체성 속에 담그는 작업이다. 이것은 상당히 단순한 작업인데, 가능하면 많은 사람의 이야기를 듣고, 발품을 들이고, 어떤 작은 구체성을 놓치지 않으려고 채록한다.

뉴스 소재의 소설이라면, 재판 기록이나 경찰 조서까지 조사하고, 완전히 허구의 이야기라도 주요 등장인물에 구체성을 부여하기 위해 직업의 디테일, 생활의 디테일을 꼼꼼히 조사한다. 만일 인물이 회사원이라면 관련된 회사에 부탁해서 하루 동안 사무실 의자에 앉아 있을 때도 있다.

그러나 이 단계에서 내가 가장 힘을 쏟는 것은 풍경이나 환경의 스케치이다. 우리는 일상생활에서 자기 주위의 사물에 그리 면밀한 주의를 기울이지 않는다. 따라서 어느 지방 사람, 어느 직업인의 이야기를 아무리 자세히 들어도 그 생활 감각은 파악할 수 있어도, 이미 그 자신에게 익숙한 환경의 영향력은 구체적으로 파악할 수 없다.

소설이 허구적인 것은 실로 이 점 때문인데(자연주의 소설도 이 점에서는 완전히 허구적인데), 실제 생활인에게는 둔감해진 환경을 정밀하게 묘사해서 독자가 그 환경묘사를 통해 등장인물에 감정이입을 할 수 있도록 도와주어야 한다.

나는 그러기 위해서 소설의 배경이 될 장소를 천천히 돌아다니면서, 아무리 사소한 사물이라도 주의를 기울이고 글자로 스케치를 한다. 그때의 내가 받는 인상은 미지의 장소이기 때문에 신선하고, 그곳에 사는 사람들의 인상과는 완전히 다른 것이 명백한 이치인데, 소설은 신선한 인상과 무뎌진 생활 감각을 어떻게든 잘 이어 붙이고 배합시켜서 거기에 현실보다도 강렬한 현실을 만들어내야 한다. 이 두 가지 균형이 잘 잡혔을 때 소설은 현실성을 획득한다.

나는 항상 사람보다도 풍경에 감동한다. 소설가로서는 고민스러운 일이기도 한데, 인간은 추상화될 요소가 있는 존재로 내 눈에 비쳐서 주로 그 문제성으로 나를 매혹하지만, 풍경에는 뭔가 침묵하는 육체 같은 면이 있어서 완고하게 추상화를 거부하고 있는 것 같다. 자연묘사는 사실 지루하고 상당히 시대착오적 기법이지만, 내 소설에서는 항상 중요한 부분을 차지한다.

또 공연히 참고서적을 마구 사들이는 것도 이 단계이다. 용어, 방언, 특수사회의 용어, 은어(다카미 준高見順은『불길한 느낌いやな感じ』에서 은어를 사용해 훌륭한 효과를 거두었다) 등은 작품 세계의 자율성을 보장하는 중요한 요건이므로, 이 단계에서 잘 연구해 두어야 한다.

셋째로 구성하기.

이것은 상당히 기계적인 작업인데, 처음부터 세부 구성까지 제대로 정해지는 일은 있을 수 없고, 심지어 소설 쓰기 과정에서는 세부가 그전까지 잠들어 있던 커다란 무언가를 깨워서 그 이후에 할 수 없이 구성을 변경해야 하는 일이 왕왕 일어난다. 따라서 처음에 구성을 세우는 것은 일종의 임시적 위안에 불과하다.

아직 쓰지 않은 소설은 이 단계부터 이미 둥근 공 같은 형태를 갖추기 시작하고, 입구나 출구는 좀처럼 발견되지 않는 상태가 된다.

그것을 억지로 구성하려는 노력은 대개 헛수고로 끝나므로, 대략적인 구성을 정하고 큰 파형波形을 예상해 두는 정도로 해 두는 것이 좋다. 그러나 나는 어느 쪽이냐 하면, 연극적인 구성을 사랑해서, 서막부터 서서히 갈등이 시작되어 클라이맥스에 이르는 구성이 대부분의 내 소설에서 공통되게 나타난다. 소년 시절에 라디게의「도르젤 백작의 무도회」에서 클라이맥스를 극도로 강화하는 방법을 배운 내게는 평면적인 전개를 좋아하지 않는 버릇이 고집스럽게 남아 있다. 라디게의 클라이맥스 설정은 상당히 건축적인데, 나는 처음 구성을 짤 때부터 클라이맥스에 대해서만큼은 끊임없이 계산한다. 무조건 클라이맥스는 고조되어야 한다. 마지막으로 천장에 손이 닿아야 한다. 그러기 위해서는 어디서 무릎을 구부리고, 어디서 허리의 반동을 활용해 뛰어오를지 생각한다.

넷째로 쓰기 시작하기.

쓰기 시작하는 동시에, 지금까지 했던 모든 준비, 모든 노력은 일단 백지화된다. 그렇게나 명확히 파악하고 있는 줄 알았던 주제는 다시 애매해져서, 일단 몸을 숨기고 모든 세부로 지하수처럼 스며든다. 마지막으로 폭포가 되어 갑자기 떨어져 내리기 위해서.

그러나 쓰기 시작하기 전에는 그토록 쉬워 보였던 모든 것들이 어쩌면 그렇게 어려움으로 가득 차버리는지. 지금까지의 의식적 계산에는 분명히 자신의 기량의 한계도 계산에 포함되어 있었을 텐데, 이에 대해서 우리는 계산 중에 저도 모르게 스스로에게 환상을 갖는 실수를 저지르는 모양이다. 나는 의도치 않게 내 기량에 전혀 맞지 않은 재료를 골라 버리는 일도 있다. 그걸 이런 상황이 되어서 깨닫는 것은 그전까지 꿈을 떨치지 못하기 때문이다. 그러나 자신의 기량의 한계를 잘 알고, 결코 그것에 대해 꿈을 꾸지 않는 작가는 과연 행복할까.

여기까지 오면 이미 방법론이고 뭐고 다 소용없다. 나는 세부와 결투를 하고 언어와 싸우며 한 줄 한 줄 전진하는 수밖에 없다. 그리고 이야기를 전개하다 막혔을 때, 항상 나를 돕는 것은 노트에 글자로 상세히 적어 넣은 풍경 스케치이다.

그것은 글자를 통해, 그것을 보았을 때의 감동을 내 안에 되살려주고, 지금 나는 다시 그 풍경을 마주하며 거기서부터 뭔가 어떤 '구체적인 것'을 수확한다. 그것이 땅 밑을 흐르며 감시하고 있는 까다로운 '주제'를 만족시킬 때에 소설은 다시 움직이기 시작하고, 호흡하기 시작하고, …그리고 수십 번, 수백 번이고 죽음에서 되살아나면서 한줄기 길로, 종말을 향해 가는 것이다.

소설의 기교에 대해

 음악이나 조형미술은 엄밀한 기술적 조건이 필요하지만, 문학은 그 정도는 아니라는 인식이 있는 것 같다. 문학의 소재는 언어이고, 언어에 대해서는 전문화되지는 않았지만 그 나름대로 실용적인 글을 쓸 수 있을 정도의 기술적 훈련이 보편화되어 있기 때문이다. 이런 일반적 문장과 전문적 문장의 구별이 문장 기교라는 말로 단순하게 표현되어 왔다. 예술성이 단순하게 기교로 귀결되었다. 기교라는 말은 문학 기술이 상당히 개별적이라는 사실을 암시하는 것처럼 보인다.

 광고미술도 '그림'의 기술적 요건을 충족하고 있고, 대중가요도 '음악'의 기술적 요건을 충족하는 것이 원칙적으로 요구된다. 문학만은 그 조건이 애매한 것 같은데, 일본에서 한문이나 의고문의 의고전적 문체는 음악이나 조형미술의 기술적 요건에 해당하는 역할을 하지만, 그것은 이른바 역사적 요건이지 본질적 요건은 아니었다. 본질적 요건은 운문에서만 보이는데, 그건 오히려 음악의 기술적 요건에 가깝다.

  소설이라는 장르의 확대는 산문이 본질적으로 가진 '기술적 요건의 애매함'에서 발생했다. 단순한 의미에서의 예술성의 애매함이다. 초현실주의가 미술과 시 분야에서만 성공한 것은 미술과 시가 가진 본질적인 기술적 요건이 그 미학을 뒷받침했기 때문이었다. 이 사실은 본질적인 기술적 요건만이 능히 초현실주의를 성립시킬 수 있었다고도 할 수 있다. 자연히 소설이라는 장르의 확대는 기술의 극단적인 개별화와 기술의 극단적인 일반화의 양극으로 향한다. 개별화는 내면으로, 일반화는 외면으로, 전자는 인간 심리의 무한한 분석으로, 후자는 사회와 행동의 영역으로 향한다. 기술의 극단적인 일반화란 기술이 행동을 모방함으로써, 언어를 통하지 않고 마치 행동 에너지에 의해 일반화되는 것 같은 외견을 보이는 것이다. 개별화도 일반화도 산문 그 자체의 기술적 요건의 애매함에 대해 복수하듯, 또 다른 불확정성을 작품의 조건으로 놓고, 기술적 요건의 애매함을 상쇄하려고 시도한다. 소설 속에는 이미 희곡적인 시간도 시적인 시간도 흐르지 않는다. (예외적으로 모리아크와 콕토) 소설은 미래나 미지, 행동이나 실존에 기대게 되고, 지드와 많은 모험소설과 말로와 사르트르가 나타난다. 시간을 소설의 철학적 주제로 삼은 프루스트도, 형이상학적 시간을 위해 소설에 종속된 시간을 의식적으로 제물로 바친다. 내가 소설에 종속된 시간이라고 한 것은 작품의 질량에 아무런 우발적 변화를 허용하지 않는 시간을 말한다.

산문 예술의 기술적 요건의 애매함은 작품의 질량을 영에 가깝게 무한한 것으로 만들었다. 이렇게 함으로써 소설은 장르로서의 무한한 자유를 얻고, 동시에 일정 질량이 내포하는 자유를 상실했다. 즉 예술로서의 존재 이유를 상실했다.

기교의 문제는 항상 산문의 기술적 요건의 가능성에 관한 문제로 되돌아온다. 왜냐하면 이 가능성이 고려되지 않는다면, 기교는 이차적이고 종속적인 문제에 불과하기 때문이다. 더욱이 이 가능성에 관해 생각하는 일은 언어에 대해 생각하는 것인데, 제임스 조이스처럼 자체 조어까지 나오면, 독자는 음표나 물감에 대한 감각적인 훈련과 같은 수준으로 엄격하게 조어 훈련까지 해야 한다. 거기서 Beausome은 Bosom+beau이며, 아름다운 밤의 품 또는 미인의 가슴을 의미하고, Shellyholders는 조개껍데기처럼 파인 손을 의미하며, September(9월)은 어원적으로는 7월을 말하므로, 7이라는 느낌을 지우기 위해서 Saptimber로 변형된다. 언어의 변형으로 비로소 기술이 순수하게 구제되는 것이다. 이는 우연히 한자 같은 상형문자를 남용하는 시각적 효과와 비슷한데,

조이스의 조어는 근대적인 소설의 방법이 도달한 하나의 극한을 암시한다. 그것은 일정한 관념, 일정한 이미지를 위해 기성 언어를 희생시키는 방법이다. 개별화 방법이 언어의 개별화로까지 진행되고 심지어 예술의 소재로서의 언어의 본질적인 전파력에 기대어, 문학에 순수한 기술적 요건을 부여하려고 한 것이다.

근대소설이 다다른 궁극의 기술적 시도가 근대소설의 근본적인 결함의 보완이라는 점은 흥미롭다. 조이스는 여기에서 다시 기술적 예술을 요구했다. 왜냐하면 이 근본적인 결함의 보완 없이는 소설의 기술은 기술로서의 안정을 얻지 못하고, 새로움은 새로움에 머물러 금세 내팽개쳐질 수밖에 없고, 다시 소설은 기술을 경시하면서 기술에 추적을 받으며 위협받을 수밖에 없기 때문이다.

나는 이렇게 쓰면서 의도적으로 방법이라는 말을 피하고 있다. 근대소설에서 방법론은 작품의 사상이고, 내가 여기서 기술이라고 하거나 기교라 하는 것은 방법의 순수하게 기술적 측면만을 가리키기 때문이다. 방법은 새롭게 바뀌더라도 기술의 안정성이 없다면, 다르게 말해 기술을 한정하지 않는다면 작품은 진정한 예술이 될 수 없다. 기술이 그저 수단으로 사용된다면 습관으로 인한 매너리즘에 빠질 수밖에 없으므로 예술상의 각각의 장르에 공통되는 절대적 이데아에 이르는 길은 열리지 않는다.

소설이라는 장르를 가능성 면에서 파악하는 것이 20세기 문학의 일반적인 경향이다. 그것이 산문 예술의 기술적 요건의 애매함에서 비롯되었다는 것은 앞에서 서술했다. 조이스는 20세기적 방법의 극한으로 나아갔다가, 이 근본 문제로 되돌아갔다. 조이스는 성공했을까?

오히려 소설이라는 장르를 한정하는 작업이 내게는 최대의 문제이다. 이 장르는 엄밀한 의식적인 기술적 요건이 없으므로, 기술의 안정성이 부족해서 본질적인 자유를 잃고 예술로서의 자율성도 부족한 것이다. 따라서 소설은 시보다도 조형미술보다도 음악보다도 훨씬 작은 장르다. 이 작은 장르를 엄밀히 계량하고, 그것을 토대로 소설의 기술적 요건을 발견해야 한다. 즉 누구나 그곳을 지나갈 수 있는 문, 더욱이 그곳을 지남으로써 예술성의 변별이 명료하게 이루어지는 문이 열려야 한다. 가와바타 야스나리川端康成가 손바닥 소설*에서 시도했던 것은 이런 문을 설정하는 것이었다. 레몽 라디게가 「도르젤 백작의 무도회」에서 열었던 문도 이런 문이었다. 전자는 시의 방법으로 다가가고, 후자는 희곡의 방법으로 다가간다.

왜 그럴까? 소설의 순수성을 선별하다 보면 왜 시나 희곡

---

* 掌編小說. 단편소설보다 짧은 작품.

에 다가가는 것일까? 내가 장르를 한정하는 의도도 다르지 않다. 예술상의 각 장르의 완전한 변별이야말로, 각 장르의 완전한 교감을 가져온다. 한 장르의 고전적 완성은 다른 장르의 이상적 형태와 동질한 것이며, 그러한 한 점을 지나지 않고 예술은 존재할 수 없다. 이데아의 모습이 깃든 것은 서로 호응한다.

 소설의 장르를 엄격히 한정할 경우, 나는 그것을 다른 장르의 시금석으로 시험해보고 순수한 소설의 위치를 발견하는 것이 좋다고 생각한다. 이렇게 타 장르가 제거된 후에 남은 사금이 소설일 것이다. 이 소설의 기술적 요건은 다시 언어의(국어의) 선별 후에 성립할 것이다. 나는 아직 그것이 어떠한 것이 될지 예견할 수 없다.

 옛날에 소설의 질량 그 자체였던 문장 기교가 이번에는 반대로 소설의 저항감을 시험하기 위해 구사되어야 한다. 희곡이나 시의 요건이 소설에 적용되어 소설의 저항감이 시도될 경우에 기술은 희곡에 가담하고 시에 가담한다.

 희곡의 요건을 우선 소설에 적용하자. 이때 우선 기교는 소설을 소설로부터 떼어놓고, 희곡 쪽으로 데려가는 힘으로서 작용해야 한다. 이렇게 기술에 추적당하지 않는 소설의 형태가 드러나도록 유도된다. 소설의 기교는 마이너스로 작용하여야 한다.

소설이 희곡이라는 장르에서 받아들이고, 그것을 통해 소설이 자신을 아는 데 도움을 받은 것은 적지 않을 것이다. 희곡은 표현을 위한 가장 단적인 형태로, 묘사에 의한 간접적인 표현이 필요하지 않다. 또 사상이나 관념은 순식간에 관객의 귀를 지나가는 대사의 일회성 사이에 표현되거나, 작품 전체의 상징적 효과로 표현되는 두 가지밖에 없다. 또 거기서는 시간이 공간 사이에서 정확히 파악되고 있으며, 더욱이 이 시간은 정확히 계산되어 우발성을 남기지 않는다. …

기술이 완전히 상징화되어 작품의 질량을 재는 추상적인 단위가 된다면, 그것은 그 소설을 시간과 비슷한 구조로 이끌게 된다. 가장 순수한 형태의 시간 예술로서 거기에는 희곡 같은 대사도 들리지 않고, 그저 냉엄한 시곗바늘 소리만 들린다.

내게는 오래된 몽상 형태인 이런 소설. 소설의 진행은 열차 시간표처럼 정확히 결정되고, 독자에게 주는 놀라움은 1시 5분 도착 기차가 1초의 차이도 없이 도착하는 사실의 놀라움, 그저 정확함이 주는 놀라움이고, 그 이외의 것으로는 일절 독자를 놀라게 하지 않는다는 결심으로 구축된 소설. 미지의 것, 예상 밖의 것, 갑작스러운 사건이, 모두 손꼽아 기다리던 무엇을 만난 것처럼 자연스러운 감정으로 그려지고, 미래와 과거가 소설 내부의 매 순간에서 자석처럼 가까이 입 맞추는 소설. 등장인물의 죽음에 이르러서는 관의 크기와 키가 딱 맞아서 한 치의 틈도 없는 소설. 작품 그 자체가 하나의 커다란 감동적 우연이기 때문에, 작품의 내부에서는 주의 깊게 우연성이 배제되어, 어떠한 우연한 만남도 우연한 동작도 없고, 한 번도 주사위가 던져지지 않는 소설. 모든 것이 별자리처럼 움직이는 소설. 대차대조표 같은 완벽한 균형이 시종일관 넘쳐나는 소설. …

1949년 1월 17일

매우 짧은 소설의 효용

생각나는 대로 꼽아본다면, 메리메의 「톨레도의 진주」, 포의 「타원형 초상화」「요정의 섬」, 릴라당의 「백조의 살인자 Le tueur de cygnes」, 「비르지니와 폴」, 라디게의 「꽃 파는 아가씨 La Marchande de fleurs」, 라프카디오 헌*의 몇 개의 소품, 사토미 돈의 「동백」「이요 발伊予すだれ」, 가와바타 야스나리의 손바닥 소설 「우산」「여름 구두」「고맙소有難う」 등, 호리 다쓰오의 「잠자고 있는 남자眠っている男」「죽음의 소묘」「풍경」 그리고 빼먹었는데, 야콥센의 가장 아름다운 작품 「여기에 장미가 있다면 Der burde have været roser」, 아폴리네르의 많은 소품.

* Lafcadio Hearn, 小泉八雲. 영국 출신으로 일본에 귀화한 작가. 일본에 관한 수필, 논문, 전설 등을 영문으로 써서 해외에 소개했다.

이런 식으로 열거하다 보면, 세계 손바닥 소설 전집이 만들어지겠다. 보석함 같은 작고 아름다운 전집이 만들어질 것 같다.

인간의 정신 속에는 큰 것에 대한 기호와 동시에 작은 것에 대한 기호가 포함되어 있다. 작은 것 안으로 자기를 응축하려는 욕구와 큰 것 안으로 자기를 확충하려는 욕구는 궁극적으로 같다고 한다. 왕조시대의 숙녀는 방 안 가득 펼쳐지는 치마를 입었다. 그와 동시에 그녀들은 작은 반지의 디자인에 기교를 부렸다.

작품은 작가의 품에 딱 맞는 옷이어서는 안 된다. 온전히 자기 자신이 되었을 때 작가는 죽는다. 그런데 작가의 품에 딱 맞는 옷은 마치 작가가 온전히 자기 자신이 된 것 같은 착각을 독자에게 준다. 온전히 자기 자신이 되면 작품은 쓸 수 없을 텐데, 동시에 온전히 자기 자신이 된 것 같은 작품이 존재한다는 건 이상하다. 거기에는 뭔가 속임수가 있어야 한다. 그 속임수란 작가와 작중의 주인공이 동일인이라는 트릭이다. 사소설이 비난받는 것은 이 점일 것이다. 애초에 나는 시가 나오야의 『암야행로暗夜行路』 등은 이른바 사소설이라고 생각하지 않는다.

예를 들어 선종에서 불립문자를 주장하는 이유는 참선이 '온전히 자기 자신이 되는 일'을 직접적인 이정표로 삼기 때문일 것이다. 온전히 자기 자신이 되는 것이 평생의 이정표인 점에서는 문학도 다르지 않다. 다만 그것이 직접적인 이정표가 아닐 뿐이다. 직접적인 이정표라면 작품은 필요 없다. 그러나 문학에도 '온전히 자기 자신이 되는 일'을 전혀 볼 수 없는 문학이 있다. 그것을 계몽문학이라고도 하고, 타자를 위한 문학이라고도 하며, 혹은 이데올로기 문학이라고도 한다. 작품에 이데올로기가 나온다고 나쁜 게 아니다. 마지막 이정표를 잃기 쉬운 것이 나쁘다.

삶의 끝에, 죽음에 가까운 순간에 온전히 자기 자신이 되려고 하는 문학이 있다. 그것을 순수한 문학이라고 나는 부르겠다. 백조는 최후의 한마디를 아름답게 노래하기 위해 평생을 침묵 속에서 산다고 한다. 작가는 임종의 순간에 완전히 자기 자신이 된 침묵을 맛보기 위해서 평생을 계속 말하고 떠들기를 계속한다. 백조의 평생의 침묵과 작가의 평생의 요설饒舌, 그것은 결국 같은 것이다.

긴 삶 속에는 안이하고 쉽게 온전히 자기 자신이 될 것 같은 환영으로 작가를 손짓해서 부르는 유혹이 있다. 예를 들면 생활의 유혹이 있다. 생활 속에는 아기 양가죽을 뒤집어쓴 늑대가 아닌 인간 가죽을 뒤집어쓴 비인간이 우글거린다. 그들은 모두 '나야말로 인간이다'라는 얼굴을 하고 있다. 그들은 실로 훌륭히 온전히 자기 자신이 되어 있는 것처럼 가장하고 있다. 그것이 모여서 대중이 된다. 방황하는 것이 본분인 예술가가 이 확고히 깨달은 대중을 동경하는 것도 무리는 아니다.

쉽게 온전히 자기 자신이 될 수 있을 것 같은 무수한 함정으로부터 도망치기 위해 순수한 작가는 여지없이 먼 길을 돌아야 한다. 심지어 누구보다도 멀리, 가장 멀리 돌아가는 길을. 따라서 순수한 작가의 방법론은 불순물덩어리여야 한다. 그렇지 않으면 그 순수함은 가짜이다. 하나의 순수함을 위해 천의 순수함이 희생되어야 한다.

방대한 장편소설이 1900년대의 작가가 순수함을 지키는 하나의 방식이 되었다. 프루스트가 그렇다. 토마스 만이 그렇다. 그들은 특별히 사회를 그리려고 한 게 아니다. 이 어려운 시대에 순수함을 지키기 위해서는 그만큼 방대한 농간이 필요하다는 사실을 그들은 잘 알고 있었다. 온전히 자기 자신이 될 것 같은 안이한 함정을 19세기 사람들이 무수히 발명해뒀지만, 19세기 사람들은 한 명도 걸려들지 않았던 대신에, 20세기 사람들은 속속 걸려들었다. 예술가는 걷기 힘들어지는데 대중은 걷기 쉬워진다. 즉 자기만의 함정에 빠져 있으면 안심이 되기 때문이다. 20세기는 절망의 세기가 아니라 낙천주의의 세기이다. 이렇게 전쟁만 있는데 어떻게 낙천가가 되지 않을 수 있을까.

순수에 대한 욕구는 방대한 장편소설로 향하는 동시에, 최소한의 극한값을 가진 손바닥 소설로도 향할 수 있을 것이다. 나는 방대한 장편소설도, 소설로서는 너무 작은 손바닥 소설도 모두 양식으로서는 가장 불순한 양식이라고 생각한다. 자신의 품에 딱 맞는 의상은 낮은 정도의 순수함을 가진 양식이므로, 거기에서는 하나의 순수함을 위해 열의 순수함밖에 희생할 수가 없다. 그러나 너무 방대한 장편소설이나 너무 작은 손바닥 소설이라는 불순하기 그지없는 양식은 어쩔 수 없이 하나의 순수함을 위해 천의 순수함을 희생으로 삼기를 요구한다.

그것은 악인의 흉계이다. 너무 방대한 장편소설이나 너무 작은 손바닥 소설을 쓰려고 할 때, 사람은 더 이상 그 '성실한 얼굴'로 있을 수 없다. 너무 큰 것도 악이다. 너무 작은 것도 악이어야 한다.

장편소설은 하나의 순수를 얻기 위해 천의 순수함을 희생한다는 그 무시무시한 마키아벨리즘을 작품에서 연기하는 것이다. 극히 짧은 소설은 그 지독한 마키아벨리즘을 작품으로부터 완전히 배제해버리는 것이다. 농간이 작품 안에서 이루어지는지, 밖에서 이루어지는지의 차이에 불과하다. 가공할 마키아벨리즘은 어쨌든 완전히 수행되어야 한다. 이 농간의 질량이 없는 작품은 현대에 살아갈 수 없다. 한 편의 뛰어난 장편소설과 동등한 질량을 갖지 않은 손바닥 소설은 무의미하다. 한 편의 뛰어난 손바닥 소설과 동등한 질량을 갖지 않은 장편소설은 무의미하다. 장편소설은 육지로 옮겨진 빙산의 전체 모습이다. (예를 들면 도시 한가운데에 빙산을

옮겨온 것 같은 웅장한 위협을 주지 않는 장편소설은 무의미하다.) 손바닥 소설은 물 위로 드러난 빙산의 일부다.

이야기를 손바닥 소설로 한정해본다면, 이 다이아몬드 안에는 아무도 들어오면 안 된다. 다이아몬드는 마치 물로 만들어진 듯이 투명한데, 물도 다이아몬드 안으로 들어갈 수는 없다. 광선과 함께 사람의 시선만이 다이아몬드 안으로 들어갈 수 있다. 그때 이미 이 광휘와 투명함을 얻기 위해 세공사가 치른 희생은 사람들의 눈에 비치지 않는다.

현대를 살기 위해 두 가지 방법이 있다.

한 가지는 현대를 사는 일의 어려움을 설파하고, 그 참혹하고 애처로운 믿음을 하나의 상징으로까지 높이려고 하는 방법이다. 이 방법을 따르는 사람은 막대한 천문학적 장편으로 향해야 한다.

다른 하나는 현대를 사는 일의 어려움을 있는 그대로 말하면 거짓이 된다고 느끼는 사람이 취해야 할 방법이다. 그 사람은 내재하는 어려움이 절대로 사람들의 눈에 비치지 않을 만큼 투명함을 추구하겠다는 결심을 해야 한다. 그러나 작가는 죽음의 순간까지 침묵할 수는 없다. 이런 사람에게는 지극히 짧은 소설로 향하는 길이 있다.

이 두 방법을 동시에 쓰려고 하는 사람은 양쪽을 해도 좋다. 두 방법의 사이에 아마 분열은 오지 않을 것이다.

진정으로 현대를 살며 현대의 어려움을 알려고 하는 작가는 '극히 짧은 소설'을 쓰면서 배우는 바가 적지 않을 것이라고 나는 믿는다. 소설을 쓰면서 그는 현대에서 순수함과 투명함을 발견하고 그것을 지키는 것이 얼마나 어려우며, 또 그 자신이 얼마나 그것들을 말살하면서 마음 편히 살고 있었는지를 알 것이기에. 그리고 그것을 통해, 어쩌면 현대에서의 시라는 것의 존재 방식, 시의 비정상적인 어려움이 이해될지도 모르기에.

법률과 문학

　여러분처럼 도쿄대학 법대를 다닐 때, 내가 특히 흥미를 느꼈던 것은 형사소송법이었다. 당시 단도 시게미쓰團藤重光 교수님이 젊은 학자로 잘나갈 때라서, 강의 자체도 생기발랄했는데, '증거 추구의 절차'라는 기차가 목적지를 향해 중후하게 한길로 거침없이 나가는 듯한, 그 철저한 논리의 진행이 특히 나를 매혹했다. 내가 가장 싫어한 건 행정법 같은 실용적이고 비논리적인 과목이었다.

　반쯤은 내 성격 때문에, 반쯤은 전쟁 중부터 전쟁 후에 걸쳐서 논리가 소용없어진 듯한, 모든 논리가 뒤집히는 시대의 영향으로, 나는 그것과 완전히 대척점에 있는 독립적인 순수한 추상적 구조, 즉 그 안에 내재하는 논리에 의해서만 움직이는 추상적 구조에 흥미를 느꼈다. 당시의 나에게 형사소송법이란 그런 것이었고, 동시에 그것이 민사소송법 등과 달리, 인간성의 '악'과 직결되는 학문이라는 것도 하나의 매력이었을 것이다. 더욱이 그 악은 결코 생생한 구체성을 가지고 표면에 드러나는 일 없이, 일반화, 추상화의 과정을 반드시 거쳐서 제시될 뿐 아니라, 형사소송법은 그 과정을 추구하는 절차법이므로, 현실의 악과는 이중으로 격리된 셈이다. 그러나 교도소 쇠창살이 우리들의 뇌리에서 죄와 벌의 관념을 오히려 생생하게 대표하듯이, 절차가 무미건조하게 진행되어서 오히려 인간성의 근원적인 '악'의 냄새가 점잖은 어구의 이면에서 강렬히 풍기는 것 같았다. 이것도 형사소송법의 매력 중 하나였고, '악'이라는 질척거리고 원시적이며 부정형하고 불길한 것과 소송법의 정연하고 냉정한 논리 구조 사이에 너무나도 두드러진 대조가 나를 끝없이 매료시켰다.

또 한편으로 문학, 특히 내가 업으로 하는 소설이나 희곡을 쓰는 데, 그 기술적 측면에서 형사소송법은 안성맞춤의 교과서처럼 생각되었다. 왜냐하면 형사소송의 '증거'를, 소설이나 희곡의 '주제'로 치환만 하면, 극단적으로 말해 나머지는 기술적으로 완전히 동일해야 한다고 생각되었다.

여기서부터 문학에서의 나의 고전주의적 경향이 비롯되었는데, 소설이든 희곡이든 가차 없는 논리로 밀고 나가서 보이지 않는 주제를 추구하고 마침내 그 주제를 파악한 지

점에서 완결해야 한다고 생각했다. 작가는 작품을 쓰기 전에 주제를 분명히 알지 못한다. "이번 작품의 주제는 뭔가요?"라고 작가에게 묻는 것은, 검사를 향해 "이번 범죄의 증거는 뭡니까?"라고 묻는 것과 같다. 작중인물은 역시 피의자다. 물론 나는 스토리나 플롯에 대해 말하고 있는 게 아니다. 처음부터 작가가 주제를 알고 있는 소설은 추리소설이고, 내가 추리소설에 아무런 흥미를 품지 않는 것은 이 때문이다. 겉보기와 달리 추리소설은 형사소송법의 방법론과 가장 거리가 먼 장르의 소설이며 요컨대 모조품이다.

그래서 나는 형사소송법에 큰 흥미를 느꼈지만, 그뿐이었고 전문적인 공부는 아무것도 하지 않았다. 당연한 일이지만, 나에게 법률학은 어느새 완전히 문학적으로 변형되어, 법률학 자체에 대한 학문적 흥미는 없었다. 나는 이렇게 활기가 없는 학생이었고 지금 떠올려봐도 특별히 학창 생활의 즐거움도 생각나지 않는다. 모교에 대해 감상적인 애정을 품을 수 없는 다른 이유 중 하나는 하굣길에 커피 한 잔 마실 수 없던 시절에 학교를 다녔기 때문이기도 하다.

나의 소설 작법

이전에 법제사法制史를 연구하는 친구가 내 소설의 방법론이 법제사의 방법론과 같아서 이해하기가 쉽다고 말해준 적이 있다.

나는 법제사를 공부한 적이 없지만, 법률은 학교에서 조금 배운 적이 있다. 그중에서도 소설의 방법과 비슷하다고 생각한 게 형사소송법이고, 형사소송법 강의를 듣는 것은 재미있었다.

일부러 이런 소리를 하며 학구적인 척을 하려는 건 아닌데, 사물의 비유라고 생각하고 들어주시기 바란다. 형사소송법은 절차법이라 형사소송의 절차를 아주 논리적으로 엄밀히 구성한 것이다. 그것이 무슨 절차인가 하면 '증거 추구의 절차'이다. 재판이 확정되기까지 피고는 아직 범인이 아니고 용의자에 그친다. 그 용의를 끝까지 바짝 추적하고 아주 공평히 심리해서, 확실한 증거를 찾아 추궁해서 마침내 범인으로 만들어내는 것이다.

소설의 경우 이 '증거'를 '주제'로 치환하면, 나머지는 완전히 똑같다고 나는 생각했다. 소설의 주제는 쓰기 전에도 쓰고 있는 동안에도, 사실 작가도 잘 모른다. 주제는 의도와는 달라서, 의도라면 쓰기 전에도 작가는 자신만만하게 이야기할 수 있다. 그리고 의도대로 되지 않아도 걸작이 나올 수 있고, 의도대로 되어도 의도에 못 미치는 실패작이 되기도 한다.

주제는 다르다. 주제는 먼저 가정(용의)에서 출발하는데, 그 옳고 그름은 전혀 분명하지 않다. 그리고 그것을 논리적으로 추적해 가면, 마지막에 주제가 눈앞에 딱 있는 것이다. 거기서 작품이 완결되고, 제대로 된 주제를 갖춘 완성품으로서 존재하기에 이른다. 즉 범인이 드러나는 것이다.

물론 형사소송에서도 증거불충분으로 도로아미타불이 되는 소송이 많고, 소설에서도 마지막의 막판에 가서 주제가 잘 드러나지 않아 작품으로서 실패하는 예는 수없이 많다. 그러나 거기까지 가기 전까지는 가정을 하며 논리로 추궁하고 또 추궁해 갈 수밖에 없는 것이다.

절차법은 심리가 옆길로 새어 시간을 잡아먹는 것을 경계하고 있어, 언제나 똑바로 레일 위를 달리듯이 규제되고 있다. 내가 생각하는 소설도 그렇고, 따라서 나의 소설에는 원래 곁길로 새는 재미는 없다. 그러나 그것은 작가의 성격이고, 싸잡아서 소설이란 잡담의 재미가 아니냐고 하는 건 뭘 모르는 소리일 뿐이다.

법률 구성은 건축과 비슷한 면이 있다. 음악과 비슷한 면이 있다. 희곡과 비슷한 면이 있다. 그래서 소설의 방법론으로서는 구성적으로 지나치게 엄격하지만, 연체동물 같은 일본 소설이 너무 싫어서 오히려 이런 리고리즘^{Rigorism, 엄격주의}을 고집하게 되었다. 형태가 분명히 보이지 않으면 재미가 없다.

따라서 내 소설은 소송이나 음악과 마찬가지로, 반드시 암시를 내포하고 매우 완만히 시작해 처음에는 진척이 느리고, 무엇을 하는지 모르도록 해 두고, 서서히 크레센도가 되어, 마지막의 클라이맥스를 향해 모든 것을 끌어올리는 정석을 밟고 있다. 나는 이것을 모든 예술의 기본형이라고 생각하기에, 이 형태를 무너뜨리기는 싫다.

이런 내 성격은 유감스럽게도 매회가 짧은 연재 형식에는 전혀 맞지 않는다. 그런 형식에서는 처음 몇 회가 승부인데, 나는 초반의 몇 회에서 결정적인 패를 내놓는 게 싫기 때문이다. 그래서 독자는 처음 몇 회에 조금도 발전이 보이지 않으니 지루해서 내던져버리고, 마침내 클라이맥스에 다다를 무렵에는 이미 아무도 읽는 사람이 없다.

법대 출신과 소설

도쿄대학 법학부 출신의 소설가는 내가 아는 한, 오사라기 지로^{大佛次郎}와 하야시 후사오^{林房雄}, 나 세 명뿐인데, 이 세 명에서 분명한 공통 특색이라도 발견된다면 인간의 평생 직업, 그것도 개성적인 직업에 대한 대학교육의 영향력을 포착할 수 있을 텐데, 공교롭게도 그런 건 발견되지 않는다. 굳이 말하자면 오사라기 씨가 프랑스 혁명에, 하야시 씨가 메이지 유신에, 내가 2·26 사건*에 특별한 흥미를 기울인 점은 있으나, 이것도 우연의 일치라고 할 수 있다.

---

* 1936년에 일어난 일본 청년 장교들의 쿠데타 기도. 미시마 유키오의 '2·26 사건 삼부작'인「우국(憂國)」「십일의 국화(十日の菊)」「영령의 소리(英靈の聲)」의 모티브가 된 사건.

지드가 『프레텍스트Prétextes』에서 "예술가에게 가장 필요한 천부적 재능은 관능성이다"라며 은근히 자신에게 그것이 부족하다는 것을 인정하는 어투로 서술했는데, 관능성은 일본식으로 말하자면 성적 매력이라고 바꾸어도 좋을 것이다. 어쩌면 성적 매력이 부족한 것이 법대 출신의 공통된 폐해일지도 모른다. 표현상의 성적 매력뿐 아니라, 실생활에서도 오사라기 씨가 돈 후안이라는 소문은 들은 적도 없고, 하야시 씨도 사상의 도락은 많이 했지만 사랑에 목숨을 걸었다는 이야기는 들은 적이 없다. 부끄럽지만 나도 두 선배님을 본받아 엄청나게 성적 매력이 없어서, 얼마 전에도 오야 소이치* 씨한테 이런 충고를 들었다.

"좀 더 도락을 즐겨야 훌륭한 소설가가 될 수 있다네."

그러나 큰 구상이나 논리적 구성력 면에서는 법대 출신에게 매우 큰 이점이 있는지, 나도 언젠가 동기로 법제사를 전공한 학자한테 이런 칭찬을 들은 적이 있다.

"네 소설의 방법론은 법제사의 방법론과 아주 비슷해."

소설이란 몹시 골치 아픈 일이라, 감성과 지성이 잘 융합되어 있어야 한다. 게다가 감성 오십 퍼센트, 지성 오십 퍼센트로는 균형이 잘 잡힌 양식 있는 신사가 될 수는 있어도, 소설가는 될 수 없다. 이상적으로는 감성 백 퍼센트, 지성 백

---

* 大宅壯一. 일본의 저널리스트, 논픽션 작가, 평론가.

퍼센트 정도로 보통 사람의 두 배의 강도를 가진 사람이어야 하고, 펄 벅도 스탕달도, 도스토옙스키도 그런 소설가였다.

일본인 중에는 체력 문제도 있어서 이런 초인적 괴물이 나오기 어려울 거라고 생각되는 면이 있다. 일반인을 백이라고 하면 고작 백이십 정도가 초인의 한도이고, 그 백이십의 배분을 통해 각각의 재능이 정해지는 셈인데, 법대 출신 소설가는 어설프게 법학을 공부하는 바람에 그중 칠십 퍼센트 정도를 지성에 빼앗겨버린 게 아닌가 한다.

그래서 법률을 공부한 것이 옳은지 그른지, 좀처럼 결론을 내지 못하고 있었는데, 예상치 못한 일로 재판에 휘말려, 『연회는 끝나고宴のあと』라는 소설이 모델의 사생활을 침범했다는 이유로 민사법정의 피고석에 서게 되었다.

대학을 졸업하고 십오 년 만에 육법전서가 다시 책상 위에 등장하고, 대학에서 졸린 눈을 비비며 강의를 듣고 있을 때에는 설마 나중에 자신과 관련이 있을 줄 몰랐던 민사소송법 속으로, 어느새 피고로 들어가 있는 자신을 발견하게 된 것이다. 이것은 실로 신기한 경험이었고, 비유하자면 한밤중에 잠을 자다가 멀리서 나는 구급차 사이렌 소리를 듣고, 어, 누가 또 다쳤나 보네, 그런데 나하고는 상관없는 일이지, 그런 생각을 하며 다시 잠 속으로 빠져들던 사람이 어느 순간 갑자기 구급차에 실려 가고 있는 자신을 깨닫게 되는 종류의 경험이다. 그때 구급차에 관해 일찍이 배운 지식이 얼마간 도움이 되느냐 하면 그렇지도 않다. 어안이 벙벙한 상태로 들것으로 옮겨져 짐처럼 구급차에 실렸을 때, 그런 지식이 무슨 도움도 될까 싶다. 심지어 부끄럽게도 대학에서는 공부를 열심히 하지 않아서, 이런 경우의 응급처치에 관해서는 무엇 하나 떠오르지 않는 것이다.

법정에 서니, 법대 출신으로서의 자신감이 다소 되살아나는 느낌도 들었지만, 잘 생각해보면 법정이라는 것은 법대 출신을 재판하기 위해 있는 것이 아니다. 법률 지식이 하나도 없는 사람끼리의 싸움을 변호사가 대리하여 법률 구성요건을 검토하는 시스템인데, 그 실제 원고와 피고는 욕심도 꿈도 있고, 기쁨도 미움도 있고, 악의도 질투도 있고, 다양한 인간의 감정이 넘치는 날것의 현실적 존재여야 하며, 그런 날것의 인간으로서 어디까지나 대등한 당사자여야 한다. 법대 출신이건 뭐건 다 소용없다.

그런 점에서 생각하면 나는 나 스스로도 어떤 핸디캡을 짊어지고 있다고 생각하지 않을 수 없었다. 정감을 격화시키고, 더구나 그것을 이성으로 억제하고, 균형을 잡으면서 계속 써야 하는 소설이라는 일이 나라는 인간으로부터 서서히 날것의 자연스러운 요소를 빼앗아 가고 있음을 잘 알게 된다. 상대방이 머리에서 김을 내며 화를 내면 낼수록, 나는 소설가적 관찰력 덕분에 객관적으로 되어가고, 상대와 같은 열기로 화를 낼 마음이 들지 않는 건 고사하고, 오히려 우스워지기 시작한다. …

그런 일이 사회생활에서 얼마나 불리하고, 얼마나 사람의 동정심을 끌지 못하는지에 생각이 미치면, 나는 자신이 소설가라는 것을 원망해야 할지 법대 출신인 것을 원망해야 할지, 알다가도 모를 심경이 되는 것이었다.

법률과 떡 굽기

 전열기가 넘쳐나는 세상에 요즘 사람들은 화로가 뭔지 잘 모를 테지만, 옛날에는 숯불을 활활 피워 석쇠를 삼발이에 올리고, 도쿄 방언으로 '오카친', 즉 떡을 집에서 화로에 구워 먹는 것이 겨울밤의 즐거움 중 하나였다.

 알맞게 구워진 떡에는 석쇠의 그물코 모양이 남아 있었고, 우리는 뜨거운 떡을 후후 불면서 간장을 뿌려 맛있게 먹곤 했다.

 그런데 아무리 빨리 굽고 싶어도 떡을 숯불에 집어넣으면 바로 시커멓게 타서 먹을 수가 없다. 떡은 알맞게 굽는 것이다.

 법률이란 이 떡 굽는 석쇠라고 생각한다. 떡은 사람, 사람의 삶, 사람의 문화 등을 상징하고, 숯불은 사람의 에너지원으로서 초인적이고 악마적인 충동이 넘실거리는 잠재의식 세계를 상징한다.

인간은 온화한 이성만으로 성립하는 존재는 아니고, 그것만으로는 바로 고갈되어버리는 신비하고 안정적이지 않은 활력과 불안으로 가득 찬 존재이다.

인간의 활동은 훌륭한 진보와 향상을 초래한 동시에, 한 걸음 잘못 디디면 파멸을 초래할 위험을 내포하고 있다. 그래서 그 위험을 배제하고, 안전하고 유익한 활동만을 발전시키려는 시도가 옛날부터 활발히 이루어졌는데, 한 번도 성공한 적이 없다.

아무리 안전하고 무해하게 보이는 인간 활동도, 예를 들면 자선사업 같은 것이라도, 그 사업을 추진하는 에너지는 그 두려운 숯불로부터 얻을 수밖에 없다. 일례로 프러퓨모* 의원은 예의 추문 사건 이후에 유능한 자선사업가로서 훌륭히 갱생했다고 한다.

인간의 떡은 이 위험한 숯불의 힘으로, 먹을 수 있는 것, 즉 사회적으로 유익한 것이 된다. 그러나 만일 불에 직접 닿으면, 먹을 수 없는 것, 즉 사회적으로 무익하고 유해한 것이 된다. 그래서 떡과 불 사이에서 서로 간섭하는 힘을 적당히

---

* J. D. Profumo. 영국의 정치인. 1960년대 초 성추문 사건에서 시작돼 보수당 내각을 실각하게 한 정치 스캔들 '프러퓨모 사건'의 중심인물.

규제하고, 떡을 알맞게 굽기 위한 석쇠가 필요한 것이다.

예를 들면 살인을 저지르는 인간은 검게 탄 떡이다. 원래 그런 인간을 만들어내지 않기 위해 석쇠가 존재하는데, 망이 찢어져서 이따금 떡이 불에 떨어지는 것은 어쩔 수 없다. 그럴 때 석쇠는 떡이 검게 타는 대로 내버려 둘 수밖에 없다. 즉 그를 사형에 처한다. 석쇠의 논리에서는 죄와 벌이 한 몸을 이루고 있으며, 살인이라는 죄와 사형이라는 벌은 모두 석쇠를 통과하지 않았던 데에 따른 필연적 결과이며, 그는 사람을 죽인 순간에 이미 지옥 불에 타고 있다. 그리고 책임론을 따지자면 끝이 없고 개인적 책임과 사회적 책임의 경계가 분명하지 않은데, 적어도 살인이라는 죄가 인간성에 있어서 일어날 수 없는 일이 아니라, 인간의 문화가 그 무서운 숯불의 덕을 보고 있는 한, 불은 동시에 살인을 교사하는 힘조차 될 수 있는 것이다. 이렇게 종국적으로 책임은 인간의 것이 아니라는 불교적 죄 사상도, 인간에게 원죄가 있다는 기독교적 죄 사상도 나타나게 되는데, 석쇠의 논리는 거기까지 봐주지는 않는다.

그저 석쇠의 입장에서 너무나 골치 아픈 것은 예술이라는 묘한 떡이다. 이 떡만큼은 정말 다루기가 어렵다. 이 떡은 분명히 망 위에 있는데, 어떻게든 그물코 사이로 그 무서운 불과 함께 불놀이를 하고 싶어 한다. 그리고 괘씸하게도 석쇠 위에서 타서, 적당히 맛있게 부풀어 있으면서, 동시에 살짝 탄 떡의 잊을 수 없는 묘한 맛을 사람에게 알려준다.

살인은 법률상의 죄인데도, 살인을 다룬 예술작품은 완성도가 좋으면 훌륭한 고전이 되고 문화재가 된다. 그것은 어쨌든 부풀어져 있고, 검게 타지는 않은 것이다. 고전적 명작은 그런 의미에서 완전범죄이고, 불완전범죄는 그런대로 잡기 쉽다. 검게 탄 흔적이 여기저기에 언뜻언뜻 남아 있어서, 그런 것을 공연음란죄라는 이름으로 잡으면 되니까 말이다. 그래도 예술이라는 떡이 더욱 골치 아픈 점은 불이 두려워서 하얗게 부풀게 굽는 것만을 목적으로 하여 흠칫거리면서 제대로 눌은 자국도 만들지 않고 꺼내 버린 떡은, 세상의 미온적이고 양식 있는 사람들로부터 위선적인 갈채를 받을지 몰라도, 결국 전율적인 걸작이 될 기회를 놓쳐버린다는 것이다.

3

나의 문학

나의 문학이 표현하려고 의도하는 것이 '시대'와 그 의미라고 여기에 쓰면, 내 소설을 읽은 적이 없는 사람은 마음가짐이 상당히 기특한 신인이 있다고 입소문을 내줄 것이고, 내 소설을 두세 권 읽은 사람들은 큰 소리로 웃으며 내 번민을 비웃을 것이고, 또 내 친구 몇 명은 저 녀석도 드디어 세상에 아첨하는 말을 배웠다며 이제는 같이 못 놀겠다고 할 것이다. 그 정도로 나는 오해를 받고 있다. 그보다 내 문학이 외곬이라서, 일부러 남에게 오해받을 만한 글을 쓰는 것처럼 보이는 게 문제다. 또 내가 남에게 오해받는 것을 이상하게 좋아하고, 오해받은 자신을 앞세우고 그 뒤에서 고백하는 즐거움에 지나치게 무게를 둔 업보일 것이다. 그런데 오해라는 마약은 한 번 맛보면 잊을 수 없는 신비하고 비밀스러운 달콤함이 있어서, 예로부터 평생 오해 속에 살았던 고독한 작가들은 남이 모르는 마약의 맛을 알고, 스스로 그것에 탐닉한 것은 아닌지 의심되는 구석이 있다.

일본의 메이지 시대 이래로, 문학에서 '시대'를 다루고 시대의 추이, 시대사조의 대립 등을 주제로 한 소설은 헤아릴 수 없을 만큼 많다. 그러나 내가 태어나기 전의 시대의 일이기에 그렇게 고압적으로 말할 수 있는지도 모르지만, 그런 소설에 그려진 메이지유신 시대의 대역전, 과도기에 살아간 청년의 고민에 대해 그리 신뢰할 수 없는 마음이 드는 것이다. 그런 소재를 문학에서 다룰 때는 어떤 사회적, 경제적 기반의 붕괴나 추이를 많든 적든 배경의 일부로 의식해야 하는 게 당연하다면 당연한데, 그런 요소를 모조리 제외하고, '메이지유신에서 청년의 시대적 고민'이 무엇이었는지를 생각하면 막막한 느낌이 드는 것이다. 물론 '시대적 고민'이라는 것을 정치적, 사회적, 경제적 배경을 빼고서 생각하려는 것은 잘못일 것이다. 그러나 그것들 모두를 제외하고 '시대적 고민'만을 추상화해 추려내어 보려고 하는 우리의 시도가 잘못이라 해도, 그 시대마다 청년의 마음에는 분명 그런 추상화된 '시대적 고민'이 살아 있었던 게 틀림없다. 그런 모든 외적인 것과 떼어놓은 '시대적 고민'은 그것과 시대를 함께한 사람만이 알 수 있고, 그리고 시대와 함께 가장 빨리 스러져가는 것도 이런 종류의 고민이라서, 아마 동시대인의 청춘 시절에만 살아 있다가 그 사람들이 늙은 후에는 메말라 버려 기억도 남지 않게 될지도 모른다. 그만큼 이런 유의 고민은 살아 있는 생명체 같아서, 시대의 본질이 그곳에 깃든다고도 생각할 수 있으며, 그것은 시대라는 자연에서 태어난 한 마리의 검고 불길한 나비, 요절한 나비라고도 볼 수 있을 것이다. 후세의 문학가 중에 의식을 하든 안 하든 그 시대를 다룬 문학 속에 이 한 마리의 검은 나비가 생생히 날갯짓하기를 바라지 않는 사람은 없을 것이다. 그래서 나비가 태어난 외적인 자연 배경을 충분히 그린 후에, 저절로 그 숲이나 시냇물이나 수풀에서 나비 한 마리가 태어나기를 기다리는 방법이 하나 있을 수 있다. 정치적, 사회적, 경제적 배경에 시대의 고민을 귀납하려는 방법이다. 다른 하나는 모든 것으로부터 추상화된 시대의 고민을, 죽은 것이라고 해도 좋으니 문학 위에 완연히 재현하려고 하는 방법이다. 이른바 후자의 방법은 죽은 나비를 표본으로 만들려고 하는 것이다. 두 가지 모두 결국 한 마리의 살아 있는 검은 나비의 날갯짓을 작품 위에 투영시키는 것에는 성공할 것 같지는 않다.

메이지유신에서조차 그런데, 사회주의 사상이 수입된 후의 '시대' 관념은 점점 신뢰할 수 없는 느낌이 든다. 다이쇼 시대*의 창백한 인텔리**는 빈번히 시대가 드리운 그림자에 떨었지만, 그들의 불안은 중산계급의 경제적 기반의 붕괴와 관련이 있었다. 생활상의 퇴폐적 표현은 어느 나라 어느 시대에나 고도의 물질문명이 막다른 곳에서 반드시 나타나기 마련이라, 풍속 면을 제외하면 특별히 그 시대에 고유한 것, 특유한 것으로서 후세에 자랑할 만한 '시대적 고민'을 형상화하고 있다고는 생각되지 않았다. 이 점에서도 일본 문학이 크게 보아 프롤레타리아 문학과 풍속 소설로 나뉜 것은 자연스럽게 생각된다. 왜냐하면 프롤레타리아 문학의 주창자들의 주장에 따르면 시대는 모두 변증법적인 발전에 의한 것으로, 시대적 고민은 경제사회의 진보와 발전의 메커니즘에 섞인 모래 자갈 같아서, 거기서는 언제나 계급투쟁이라는 고정된 장면이 머릿속에 있었기 때문에, 시대라는 관념은 조금도 본질적인 것이 될 수 없었기 때문이다. 또 풍속 소설가의 눈에 비치는 시대적 고민은 풍속의 추이를 따라갈 수 있는 것과 따라가지 못하는 것의 모순과 대립 양상에 불과했던 것이다.

이러한 측면에 나타난 '시대'의 의미와 비교해보면, 전쟁을 겪은 우리 시대의 투영을 의미하는 '시대'의 관념은 더 망막하고 종잡을 수 없는 것일지도 모르지만, 동시에 훨씬 본질적 시대의 투영을 의미하는 것 같다. 무엇이든 사회적, 정

---

* 일본사에서 20세기 초를 가리키는 말로, 일왕 요시히토의 재위기인 1912년 7월 30일부터 1926년 12월 25일까지.
** 따지기만 좋아하고 실행력이 부족한 지식인을 조롱하는 말.

치적, 경제적 배경을 빼고는 생각할 수 없는 건 오늘날보다 더한 적이 없을 텐데, 이차세계대전 후의 이른바 '과도기적 고민' '상처받은 세대' '불행한 시대의 아이'라는 여러 가지 시적인 명칭으로 불리던 청년층의 불투명한 희망과 절망, 불안과 뻔뻔함 등의 불가사의한 혼합물 같은 시대 감정으로부터 가령 모든 사회적, 정치적, 경제적 배경을 제거해본다면, 이런 시대일수록 어떤 추상화되고 순수한, 그래서 더욱 시대초월적이기도 한 하나의 고뇌가 마치 모래 속에서 골라낸 사금처럼 빛나기 시작하지 않을까. 나는 그런 사금의 존재, 한 마리 불길한 검은 나비의 존재를 그 무엇보다 확고하게 믿을 수 있는 느낌이 든다.

그런 추상성, 다소 나의 독단에 따르면 시대라는 것의 본질일지도 모를 이 추상성을 기초로 하여 순수소설을 생각함으로써, 지금까지 순수소설을 주장하며 시대와 결별해야 했던 것과 달리, 문학 그리고 소설이 순수하면 순수할수록 시대의 완전한 투영, 시대의 가장 정확한 투영이라는 주장을 성립시키는 것이 가능하지 않을까. 나는 이 독단으로 가득 찬 주장을 증명할 수 있을 만한 작품을 쓰고 싶다고 바라지 않는 날이 없다. 바라건대 한 마리의 불길한 검은 나비여, 이제부터 나의 작품 위로 끊임없이 그 정처 없는 비상의 그림자를 드리워주려무나.

자기 개조의 시도
―무거운 문체와 오가이에 대한 경도

 내 문체에 대한 글은 남에게 맡겨야 할 것이다. 그걸 알면서도 이런 글을 쓰는 상황이 된 것은 아마 내가 남의 작품을 왈가왈부하면서 문체, 문체 하며 앵무새처럼 떠든 대가일 것이다.

 나는 출발 당시부터 자신의 문체를 확고하게 가지고, 거기서 나오는 이자로 생활하면서 걸어온 사람이 아니다. 애초에 그런 사람은 거의 없을 것이다. 문체를 부모의 유산처럼 처음부터 가진 작가는 없을 것이다. 문학적 재능이 대개 유전되지 않는 것처럼, 문체도 유전되지 않으므로, 따라서 태어났을 때부터 가진 자산은 아니다. 문학가는 어차피 한 세대에 한정되며, 문체도 한 세대에 한정된다.

재미없는 시도이기는 한데, 아래에서 각 연대의 내 문체 일람표를 보여드리겠다. 남의 집에 가면 손님 대접 차원에서 보여주는 가족의 성장 앨범만큼 지루한 것도 없는데, 이것도 독자에게 비슷한 지루함을 줄 것이다.

1. 1940년 「채색 유리彩繪硝子」

"화장품매장에는 치장한 여자 같은 향수병이 진열되어 있었다. 사람의 손이 다가가도 그것은 모르는 체했다. 그의 눈에는 그게 차가운 여자들처럼 보였다. 범위와 한계 속의 액체는 투명한 돌을 닮았다. 병을 흔들자 잠든 여자의 눈 같은 거품이 피어올랐는데, 금세 침묵으로, 즉 돌로 돌아가버린다.

퇴역한 조선造船 중장인 무나카타 남작은 큰 향수를 샀다. 자신을 위해서 말이다."

2. 1942년 「물에 뜬 달みのもの月」

"나는 심하게 지쳐버렸소, 재계 기간이 끝나고 다시 궁궐에 틀어박혔으니. 이 시기에 궐 안이 얼마나 바쁜지 그대도 잘 알 거요. 아무튼 나는 어찌 할 바를 모를 만큼 지쳐버렸소."

3. 1945년 「중세中世」

"말을 마친 소년은 다시 오열했다. 떨리는 목덜미는 꽃이 핀 억새처럼 나긋나긋하고, 어깨는 겁에 질린 사슴처럼 떨렸다. 저절로 흘러내려 마치 얼굴의 반에 고운 버드나무 같은 그늘을 드리운 검은 머리카락이 너무나 아름다웠기에, 선사는 무심코 손을 대고 그것을 살짝 치워 보았다. 사원에는 중후한 만종 소리가 울려 퍼졌다. 농밀한 밤이 빛나며 내려앉았다. 번番을 서는 스님이 통로에서 통로로 불을 켜며 걸어가는 모습이 보이기 시작했다."

4. 1948년 『도적盜賊』

"말하자면 남편의 그 노골적인 의심이 이 자리에서 부인을 구한 것이었다. 니쿠라에게 부탁한 경위를 사실 그대로 대답하려고 했던 심경에 변화가 생겨, 순간적으로 부인은 거짓 이외의 아무 말도 하지 않으리라는 결심을 굳혔던 것이었다. 그리고 남편의 마음을 헤아리기 어려워 니쿠라를 이용한 마음 한구석에서, 무의식중에 야마우치 씨에 대한 떳떳하지 못한 사랑의 감정이 움직이고 있는 줄 몰랐던 부인은, 그 동기에 야마우치 씨에 대한 사랑을 추가하는 것은 그저 거짓말일 뿐 아니라 후지무라 자작을 순수하게 증오하기 위해 필요한 조작이라고 판단했던 것이었다."

5. 1950년 「일요일日曜日」

"두 사람에게는 아주 비슷한 특징이 여러 가지 있다. 지금 말한 동갑이라는 사실이 그중 하나다. 본봉 3,916엔에 수당을 더한 4,910엔의 월급이 똑같다는 점이 두 번째다. 누구 못지않게 누가 보든 안 보든 열심히 일하는 사람이라는 점이 세 번째다.

금융국 문서과 직원들은 두 사람을 '일요일'이라는 별명으로 부른다. 그 별명에는 이런 내력이 있다."

6. 1950년 『푸르른 시절青の時代』

"임시막사 문으로 들어갈 때 '보조 맞춰!'라는 호령이 떨어진다. 완전히 지친 생도들은 반 자포자기 상태로 기세 좋게 발을 굴렀다. 막사의 살풍경한 마당 너머, 저물어가는 산기슭의 굴곡 저편에 우뚝 솟아 장밋빛으로 물든 해질 녘의 후지산은 마코토를 감동시켰다."

7. 1953년 『금색禁色』

"유이치에게는 후회가 없었다. 기괴한 일이지만 그는 야스코를 사랑하고 있었기 때문이다. 표현을 못해 비뚤어진 이런 사랑의 관점에서 보면, 청년이 여행을 떠나기 위해 저지른 수많은 무리한 일도, 모조리 야스코에게 주는 이별 선물이라고 생각해도 됐다. 그동안 진지해진 그의 마음의 움직임은 위선조차 두렵지 않았다."

8. 1955년 『잠기는 폭포沈める滝』

"그 순간 단풍이 물든 골짜기 사이의 하늘에, 숭고한 산이 나타났다. 고마가타케산이다. 긴잔銀山 3대산 중 하나인 이 산에는 한 조각의 단풍도 없이 청자색이 드러난 산꼭대기에 몇 줄기 흰 선 모양으로 눈이 빛나고 있었다. 이삼일 눈이 쌓였다가 다시 사라진 뒤이다. 고마가타케산은 고독한 어깨를 우뚝 세우고 푸르고 깊은 하늘의 고요함을 자신의 존재로 지키며 서 있는 듯이 보였다. 지상의 것에 닿은 낮은 산들에는 단풍이 지고 있는데, 이 산만은 지상에 그저 밑바닥을 맡기고 반쯤 천계에 속해 있었다. 그것은 하나의 움직이지 않는 사상이었다."

9. 1956년 『금각사金閣寺』

"가시와기가 아름다움에서 찾고 있는 건 분명 위로가 아니었다! 은연중에 나는 그것을 알 수 있었다. 그는 자신의 입술로 퉁소 취구에 불어넣은 숨결이 잠시 공중에서 아름다움을 성취한 후에, 자신의 안짱다리와 어두운 인식이 전보다 더욱 뚜렷하고 생생하게 남겨지는 것을 사랑했던 것이다."

....

그리고 나는 이렇게 지난 십칠 년간을 훑어보고 공허한 기분이 든다. 십칠 년은 사람들이 생각하는 만큼 그렇게 짧지 않다. 이제 슬슬 세월이 내게 무엇을 주는지 헤아려도 보고, 그 계산에 민감해도 될 나이가 되어가고 있다.

나의 문체가 얼마나 타인의 영향을 받았는지 위의 일람표를 보아도 분명하다. 1은 신감각파, 폴 모랑, 호리 다쓰오,* 라디게의 「드니즈Denise」 등, 2는 일본 고전 및 호리 다쓰오의 현대어 번역. 3은 히나쓰 고노스케,** 그리고 유럽의 퇴폐주의 문학의 번역. 4는 라디게의 「도르젤 백작의 무도회」. 5는 명백히(!) 모리 오가이. 6은 스탕달의 번역. 7은 스탕달에 오가이 풍의 장중함을 가미한 것. 8도 스탕달 플러스 오가이. 9는 오가이 플러스 토마스 만. 대략 이렇다.

그래서 나의 문체는 이런 영향을 받은 나의 변화(굳이 발전이라고는 하지 않겠다)와 불가분의 관계인데, 이렇게 보면 나도 의외로 순차적으로 청년기를 지나온 것 같다. 아니, 조금 늦깎이 청년기라고 해야 할지도 모른다. 왜냐하면 대개의 사람이 이, 삼 년 만에 지나가는 청년기의 변화에 나는 십칠 년이나 걸렸으니까 말이다.

이 일람표에 『가면의 고백仮面の告白』 『사랑의 갈증愛の渇き』

---

* 堀辰雄. 일본의 소설가. 당시까지 사소설적이었던 일본 소설의 흐름 속에서 픽션으로서의 문학형식을 확립하려고 했다.
** 日夏耿之介. 일본의 시인, 영문학자.

『파도 소리潮騷』 세 편을 포함하지 않은 이유는 『가면의 고백』은 그전까지의 내 문체의 집대성이자 잡탕이기도 한 점, 『사랑의 갈증』은 일시적으로 모리아크의 영향을 받아 나온 문체인 점, 『파도 소리』는 억지로, 인공적으로 단순하고 고전적 문체를 만든 점, …이런 이유로 예외에 속하기 때문이다.

호리 다쓰오나 라디게는 결코 단순히 감성적 작가라고만 생각할 수 없고 라디게는 오히려 그 반대인데, 소년기의 나는 소년다운 감수성으로 그저 감성적으로 두 작가의 영향을 받고 있었다. 퇴폐주의 문학이나 일본 고전의 영향도 그렇다. 그리고 일본 고전은 나의 감수성을 철저하게 인정하는 듯이 보였으므로, 나는 일시적으로 그것에 완전히 탐닉했다. 전쟁이 끝나도 한동안 나는 이 탐닉에서 깨지 않았다. 이 탐닉이 내게 강요한 문체가 실로 전쟁으로부터 현실로부터 나를 완전히 차단해주었고, 나는 그 은혜를 잊을 수 없었던 것이 사실일 것이다. 이렇게 전쟁의 기억은 문학적으로는 나에게 전적으로 미적인 것이다.

이윽고 문체를 통해 라디게를 재인식하기 시작하고, 나는 『도적』에서 라디게 체험을 총결산할 생각이었다. 『도적』의 문체는 소년기에 본 라디게와는 다른 라디게를 이야기하고 있다. 내 감수성에 대한 극단적인 애증이 드러난 것이 『가면의 고백』이고, 그 혼란한 문체는 그런 정신상태를 말해준다.

오가이의 청정하고 지적인 문체는 나에게 구원으로 다가왔다. 오가이에게는 한 조각의 감수성도 없거나 완전히 억압되어 있었다. 그래서 나는 오가이의 문체 묘사를 통해 자신을 개조하려고 시도했다.

그 후 나폴레옹법전*의 영향을 받았다는 스탕달의 문체가 나에게 많은 시사점을 던져주었는데, 그 정교하고 아름다운 경쾌함은 모방할 수도 없었고 억지로 흉내 내려고 하면 촌스러워졌다. 진정한 경쾌함이 훌륭한 중량감을 띠는 비밀은 어떤 비법 때문일까? 나는 역시 내가 지향하는 무게감을 위해 오가이에게로 돌아갈 수밖에 없었다. 서서히 라디게나 토마스 만 등의 독일어 그 자체의 무게감으로부터 오는 문체가 나를 매료시키기 시작했다. 무게감에 대한 나의 기호가 선천적으로 장중한 것, 엄격한 것, 훌륭한 것을 선호(모두 부르주아적 취향일 것이다)하는 탓도 있지만, 문장에 굄돌을 마련하기 위해서이기도 했다. 무거운 문체를 내 것으로 만들면 미끄러짐이 방지된다고 생각한 것이다. 사실 무거운 문체와 오가이에 대한 경도는 서서히 내 안의 불필요한 부분, 예를 들어 기지의 과시 같은 것을 눌러주었다.

또 내 문체의 변천은 감성적인 것으로부터 지적인 것으

---

* 함무라비법전, 로마대법전과 함께 세계 3대 법전으로 손꼽힌다. 간결하고 논리적인 문체로 유명한데 대문호인 스탕달이 문장연습을 위해 매일 읽었다고 한다.

로, 여성적인 것으로부터 남성적인 것으로 변화했음을 말해주고 있다. 나는 지금은 애석한 마음으로만 여성적인 작가를 사랑한다. 그리고 남성적 특징은 지성과 행동인데 이 두 가지를 겸비한 작가는 적고, 남성의 행동성이 만일 지성을 수반하지 않으면 양극단은 서로 통해서 여성적 특색 즉 감성적 특색을 강하게 띨 위험이 있으므로, 전적으로 지적으로 강인한 작가를 사랑하는 것이다. 토마스 만의 분류에 따르면 노년은 남성적이고 젊음은 여성적이며, 정신은 남성적이고 육체는 여성적이다. 문체 면에서 나의 행보는 많은 청년들의 행보와 궤를 같이했다고 할 수 있을 것이다. 내가 문체를 통해 삶을 새롭게 변화시키려고 시도한 것은, 많은 청년이 사색을 통해 그렇게 하려고 시도한 것과 마찬가지라서, 아마 지나치게 큰 잘못은 아니었을 것이다.

작가에게 문체는 작가의 존재^{sein}를 나타내는 것이 아니라, 항상 당위^{sollen}를 나타내는 것이라는 생각이 시종일관 내 머리를 떠나지 않는다. 즉 한 작품에서 작가가 채택한 문체가 그저 그의 존재의 표시라면, 그것은 감성과 육체를 표현할 뿐이고 아무리 개성적으로 보인다 해도 그것은 문체라고 할 수 없다. 문체의 특징은 정신이나 지성이 지향하는 특징과 동일하며, 개성적이기보다는 보편적이려고 하는 것이다. 한 작품에서 채택된 문체는 그의 당위의 표현이자, 도달하지 못한 것에 대한 지적 노력의 표현이기에, 그 작품의 주제와 관계될 수 있다. 왜냐하면 문학작품의 주제란 항상 도달하지 못한 것이기 때문이다. 그런 생각에 따라 내 문체는 현재 존재하는 곳의 나를 있는 그대로 표현하려고 하는 의도와는 관계없이, 문체 그 자체가 내 의지와 동경과 자기 개조의 시도로부터 나오고 있다.

그러나 물론 그것이 최후의 문체는 아니다. 최후의 문체란 작가가 노년에 결실을 맺는 아름다운 과실일 것이다. 그곳에서는 자유자재의 느낌이 가득하고, 욕망은 모조리 채워지고, 문체는 약간의 어색함도 없이 세계를 감싸 안을 것이다. 말년의 괴테가 그런 문체를 가지고 있었다고 생각된다.

'우리'로부터의 도주
— 나의 문학

일의 순서로서 나는 우선 이 문학전집의 제목에 트집을 잡을 것이다. '우리의 문학'이란 무엇인가? 십 대 소년이었을 무렵부터, '우리'라는 말은 뭔가 나와 잘 맞지 않는 이해할 수 없는 말이었다. 나로서는 아무리 해도 '우리'라는 말을 감각적으로 이해하기 어려웠다.

그러나 '우리'라는 말이 그만큼 찬란히 빛나던 시대도 드물다. 그리고 내가 '우리'의 일원이라는 자격을 그만큼 강제적으로 갖게 되고, 동시에 당연하게 갖고 있었던 시대는 두 번 다시 올 것 같지 않다. 만일 내가 1945년 전에(가령 병으로 죽었더라도), 무슨 이유로든 죽었더라면 나는 싫든 좋든 완전한 '우리'의 일원이 될 수 있었을 것이다.

그건 특별히 군국주의적 사례뿐만이 아니다. 예전의 구제 관립고등학교 학생이 학생모를 꼭 쥔 한 손은 휘휘 돌리며 (스스로 아무런 이질감도 느끼지 않고) 기숙사 노래를 합창할 때, 거기에는 명료하게 '우리'가 있었다. 그리고 나는 그런 '우리'를 소름 끼쳐 하며 바라보고 있었다.

모교가 학교 대항 경기에 아쉽게 패해서 응원단 일동이 오열할 때, 거기에도 역시 '우리'가 불쑥 고개를 들고 있었다. 그러나 나는 오열은커녕 조금도 슬프지 않은 자신을 주체못해 부끄러웠다.

'초자아^{superego} = 우리들 = 우리'라는 공식에는 일종의 적성이 요구된다. 이것은 교양이나 계급 여하와 관계없이 일종의 선천적 적성으로 타고나는 것이고, 나에게는 이런 적성이 부족하다는 것을 맨 처음부터 알고 있었다.

그리고 내 문학도 바로 거기서 비롯된 것이었는데, 새삼 외면하며 '우리의 문학' 등에 참여하는 것은 부끄러운 행동이다.

그러나 '그때'로부터 벌써 이십 년이 지났다. 시간의 경과라는 건 무섭다. 나는 괜히 현재의 '우리'는 부자연스럽고 손이 오그라들지만, 과거의 '우리'는 아름다웠던 것 같은 느낌이 들기 시작한다. 어쩌면 '우리'는 '청춘'의 동의어일까. 아니, 그렇지는 않을 것이다. 내 청춘은 절대로, 절대로, 절대로 '우리' 같은 것과는 관계가 없었다.

오히려 이렇게 바꿔 말하는 편이 나을 것이다. 지금도 예전에도 나는 '우리'와는 본질적으로 관계가 없을 것이고, '우리'가 추하든 아름답든 나와는 다른 차원의 일에 불과할 텐데, 지금 직업적 글쟁이로서 그런대로 자리를 잡아서(이 무슨 저속한 표현인가!), 어쨌든 내 의지에 반해 '우리' 속에 들어갈 걱정이 없어지고 나서 보니, 안전한 관점에서 바라보는 '우리' 개념은 예전만큼 강압적이지도 두렵지도 않아서, 오히려 장점을 더 사랑스럽게 바라볼 수 있고, 아름다워 보이기조차 하는 것뿐일지도 모른다. 그리고 현재는 추하고 과거는 아름다운 감상적 법칙에 따라 예전의 '우리'가 더 아름다워 보이기 시작한 건지도 모른다.

그뿐이 아니다. 이제 와 알 수 있는 것은, 그렇게나 '우리'를 두려워하고 몹시 싫어하며 '우리'와 무관함을 절대적으로 믿고 주장하던 나는, 그래서 더욱 '우리'의 일원이었던 게 아닐까 하는 점이다. 내 청춘은 '우리'와 절대로 무관했다는 이 의심의 여지 없는 사실이야말로, 내가 명백히 '우리'의 일원이었음을 드러내는 증거가 아닐까?

그렇게 생각하다 보면, 어느새 내 가슴에는 달콤 쌉싸름한 감정이 복받쳐 오른다. 시간이 천천히 거꾸로 돌아간다. 자그마한 파우스트적 체험. …나는 어느새 지금의 나라면 기꺼이 예전의 '우리'의 일원이 될 수 있었을 거라는 달콤하고 로맨틱한 몽상에 사로잡히기 시작한다. 나는 내 의지로 이십 년 걸려 그 적성을 얻고, 문학도 물론 중요하지만 인생은 문학뿐이 아니라는 것을 알기 시작한 것이다. 분명 너무 늦게 알았지만, 어쩌면 지금부터라도 너무 늦지 않았는지도 모른다. …

어, 위험하다! 위험해!

글쟁이가 정치적 행위의 유혹에 발목을 잡히는 것은 언제나 이런 순간이다. 청년의 맹목적 행동보다, 글쟁이에게 더 위험한 것은 향수이다. 그리고 같은 위험이라고 해도, 청년이 저지르는 위험에는 아름다움이 있지만, 중년의 글쟁이가 저지르는 위험은 대개 꾀죄죄한 코미디가 되기 마련이다. 그런 꼴불견이 되고 싶지는 않다.

그러나 한편으로는 위험을 회피하는 것은 그것이 어떤 우스꽝스러운 위험이라도, 회피하는 것 자체가 비겁하다는 사고방식이 있다. 이것도 지당한 사고방식이며, 사이고 다카모리*는 그런 부류의 영웅이었을 텐데, 사이고 다카모리에게는 십 년이 걸리는 소설 계획 같은 건 없었다. 그는 미래를 먼저 차지하려는 예술가의 교활한 기획 같은 건 알지 못했다. 미래를 현실로 채우려 하지 않고 미래를 미리 비현실로 매립하려는 예술가의 가장 반사회적 기획 따위는.

이야기가 건너뛰는데, 가령 도쿄만 매립계획이 있다고 치

---

* 西鄕隆盛. 사쓰마번 출신의 무사로 에도막부를 타도하고 메이지유신을 성공으로 이끈 유신삼걸 중 한 사람.

고, 그것은 그 나름대로 상당히 웅대한 계획이기는 한데, 정치인은 거기에 돈줄이 되는 교통망을 구축하고, 관료는 그 매립지를 관청가로 만드는 것을 꿈꾸고, 은행가는 은행 빌딩을 즐비하게 세우고, 이렇게 '아무개는 무엇을'이라는 식으로 제각각 미래사회의 이미지를 제멋대로 그릴 것이다. 그러나 몇 백만 평인지 몰라도 매립지 전부를 평탄한 콘크리트 바닥으로 만들고 그 위에 금색으로 번쩍거리는 몇 백억 개의 압정을 꽂겠다는 계획은 누가 세울까?

예술가가 미래를 먼저 차지한다는 것은 그런 일이다. 사람들의 빛나는 실용적인 미래상을 미리 주도면밀하게 모독하는 것이다. 모독하는 것, 충동적으로 본능적으로 모독하는 것이 아니라, 심지어 완전한 계획과 기획에 기반하여 이성적으로 한 치의 틈도 없이, 미래를 먼저 차지하고, 모독하고 점유하는 것. …단 문자로만!

그러나 먼 계획 단계에서는 언어도 현실과 평등하고, 역사에서도 언어와 현실은 거의 등가가 된다. 언어가 현실에 결정적으로 지고 있는 듯이 보이는 것은, 있는 것 같기도 보이지 않는 것 같기도 한 현재라는 이 순간뿐이다.

이런 예술가라는 부류에게 위험이란 무엇을 의미할까? 나는 그 점이 상당히 흥미롭다. 해마다 그 흥미가 커져서, 지금은 그 흥미 때문에 미칠 것 같다.

「여우 낚기釣狐」라는 애절한 교겐*은 분별 있는 늙은 여우가 덫인 줄 알면서도 좋은 미끼의 유혹과 전력을 다해 싸우다 결국 지는 무서운 이야기인데, 만약 젊은 여우의 이야기였다면 이야기는 아주 시시해질 것이다. 젊고 경험이 없는 여우는 모든 유혹과의 싸움에 비장한 자기도취를 느끼겠지만, 세상 이치를 분별할 나이의 여우는 그 싸움은 꼴사납고 체면이고 뭐고 상관없는 게 될지 알고, 따라서 싸울 때 그의 이점은 최고도로 허영심을 내려놓았다는 것이다.

그는 덫이 무엇인지를 안다. 미끼가 무엇인지도 안다. 그러나 '안다'는 것은 실로 아무 소용이 없을 것이다. 그는 그 참담한 결과를 잘 안다. 그러나 '결과'에 대한 지식이 우리를 (반드시) 무기력에 빠뜨린다고 할 수는 없다.

늙은 여우는 세상 물정에 밝고 지적으로 뛰어나, 이 세계를 덫을 놓는 자와 덫에 걸리는 자의 완전히 정지한 대립 상황으로 분명히 파악하고 있었을 것이다. 이 명석한 인식에는 티끌만큼도 우스운 요소가 없다. 그러나 동시에 명석함이 사람을 우스운 상황에서 영원히 구원해줄 거라는 보증은 어디에도 없다.

여우뿐 아니라 인간이란 존재의 변화도 기묘한 것이라, 청년을 보고 '앞길이 창창하다'라고 하는 것은 단순한 초등수학적 계산일 뿐, 청년은 결코 미래를 소유하지 못하고 나

---

*　狂言. 일본의 전통극. 대화 위주로 진행되며, 노래와 몸짓을 곁들인다.

이를 먹으면서 점점 미래를 확실히 소유하기 시작해, 노년에 야말로 좀 더 수중에 미래를 확실히 묶어둔다. (미래를 갖고 있지 않다는 것이야말로 청년의 특징이었다. 나는 그것을 상징적으로나 현실적으로나 잘 알고 있었다.) 그리고 그 점에서는 예술가나 현실주의자나 조금도 다르지 않다. 예술가가 그의 반사회적 시도를 통해 미래를 묶어두고 미래를 착실히 차지하는 데 성공하는 게 바로 그의 성숙이다.

늙은 여우도 물론 이 사실을 분별하고 있었다. 또 여우라는 존재의 본질이 인간사회에서 볼 때 반사회적이라는 것을 다 알고 있었다. 인간사회에 아양을 떨고 인간주의에 영향을 받기도 하는 안경을 쓴 젊은 여우를 실컷 경멸하고 있었다.

다만 그는 늙었고 미래를 확실히 소유했고, 그것이 그의 중대한 결함이었다. 지식이 사물의 유혹하는 힘을 감쇄시키기는커녕 오히려 그것을 강하게 만들고, 결과의 무효와 실패의 인식이 행위의 매혹을 점점 달콤하게 만든다는 것을 알고 있었다. 포도에 손이 닿지 않아 포기하는 여우의 우화는 새빨간 거짓말이었다.

이런 여우가 저지르는 위험이란, 아마 어설픈 위험은 아닐 것이다. 모험심에 가득 찬 무모한 젊은 여우가 범하는 경솔하고 비본질적 위험과 같은 게 아닐 것이다. 늙은 여우는 자신의 존재 이유를 전면적으로 부정하는 듯한 위험에만 끌리기 때문이다. 그런 위험이 아니고서는 그에게는 부족하고,

세상 물정에 밝아 위험을 다 알아서 겁을 먹고 신중하면 신중할수록, 그 위험의 매혹은 그의 최대의 신중함을 무너뜨릴 만한 것이어야 하기 때문이다. 꿈꾸어진 위험은 점점 비대해진다. 그가 소유했다고 일단은 믿은 미래를 송두리째 뽑는 듯한, 그의 존재의 본질 전체에 대한 부정 위에 성립하는 듯한 그 위험은 그의 '미래의 소유'를 빼앗는 것으로만 작용할 것이다. 그것이 그 위험의 최대의 유용성일 것이다. …그를 다시 '미래를 갖지 않은 존재'로 환원시킬 그런 위험. 즉, 늙은 여우를 매혹하는 최대의 위험이란 바로 '청춘'일 것이다.

중학생 때였던가, 고등학생 때였던가, 나는 학교 문예부원으로서 어느 대작가 선배님에게 강연을 부탁하러 간 적이 있다.

온화한 모습의 대작가는 소년 손님을 극진하게 맞아, 이런저런 얘기를 한 끝에,

"그래서… 자네는 문학을 하며 살 생각인가?"라고 다정하게 물으셨다.

그 질문은 나에게 일종의 충격을 주었다. '문학을 하며 산다'라는 사고방식은 내 정신생활 어디를 둘러봐도 찾을 수 없었기 때문이다.

내가 하고 있던 건 뭐냐 하면, 서투른 시를 쓰고, 서투른

소설 습작을 하고, 친구와 문학에 대해 긴 편지를 주고받고, 만나면 문학 이야기만 하고, 문학서만 읽으며, 창백한 얼굴을 하고 있었다. 그러나 나는 '문학을 하며 산다'라는 다이쇼 시대의 문학청년의 표현에 맞는 삶을 살고 있지 않았다. '문학을 하며 산다'라니! 그 풍부한 교양주의적 자기 형성과 의심의 여지가 없는 생활감. 그만큼 당시의 나와 거리가 먼 것은 없었다. 매일같이 원고용지에 글을 쓰는 것은, 시대에 저항해 자신이 일종의 추상적 인간, 투명 인간이 되기 위한 닌자 훈련 같은 것이었다고 할 수 있을 것이다. 반시대적 정신의 은둔처, 갈 길이 먼 인생의 은둔처…, 더구나 거기에는 아무런 영웅적 요소는 없었고, 시대의 비적격자인 나를 시인하기 위한 최후의 은둔처로서 문학이 있었던 것이다.

그래서 이차세계대전 후에 소설가가 되어 '문학을 하며 살게' 되었을 때, 나의 낭패감은 엄청났다. 심지어 자신이 한 시대의 한 세대의 대변자처럼 취급되었을 때, 이 말도 안 되는 오해에 대해 내 놀라움은 컸다. 그 소용돌이를 빠져나온 지금에 와서, 단 한 가지 말할 수 있는 것은 나는 그 소용돌이 속에 있었을 때도 결코 남들이 기대하는 대로 말하고, 남들이 기대하는 대로 살았던 적은 없었다(긍정적인 의미에서도 부정적인 의미에서도)는 것뿐이다.

외국의 어느 신문기자한테 "당신의 사명은 무엇인가?"라는 질문을 받았을 때, 나는 할 말이 없었다. 고리타분한 악마주의자인 척하며 "인류에게 죽음과 파괴를 초래하는 것"이라고 대답할 수 있었다면 얼마나 유쾌했을까. 그러나 이십 년간이나 소설가로 지내면서, 내가 쓴 글이 죽음이나 파괴는커녕 독자에게 감기 하나 걸리게 할 수 없었음을 깨닫지 못하는 인간이 있다면, 그건 진정한 얼간이다. 내 소설이 남에게 준 생리적 장애 중에서 단 하나 믿을 만한 사례는 어느 멀쩡한 편집자가 나의 단편소설「우국」을 읽고 속이 안 좋아져서 저녁을 못 먹었다고 하는 일뿐이다.

나는 이차세계대전 후의 일본 문단의 관례에 따라, 자신을 위해 메이저한 작품을 쓰고, 마찬가지로 자신을 위해서라고 하면서 오로지 입에 풀칠을 하려고 마이너한 작품을 썼다. 그 '자신을 위해서'라는 말 안에는 많은 뉘앙스가 있고 또 나이를 먹으면서 미묘한 변천이 있었다.

처음에는 '아이의 놀이'였다. 그러다가 '외침'이 되었다. 그것은 이윽고 '세련된 외침'이 되었다가, 이윽고 외침은 죽었다. 이어서 엄청난 '불만'이 되고 '울적함'이 되고, 이 불만과 울적함은 아무리 세련되어도 죽지 않았다. 외침은 외침으로써 치유되었지만, 불만은 불가능과 관련되어 있었기 때문이다. 그리고 이윽고 나는 불가능에 관련된 불만만 사랑하게 되었다. …

그러나 나는 상정된 관객을 향해 말을 거는 것이 싫었기 때문에, 그전까지 한 번도 '그들'의 언어로 말한 적은 없었다. '그들'에게 사랑받을 언어로 말하는 것을 피하려고 하는 유혹은 내 안에서 점점 강해졌다. 흐물흐물한 청년들이 얼마나 흐물흐물한 문학 표현을 사랑하는지, 그리고 문학에서 자신의 무력과 나약함에 대한 자기 변명거리만 찾는지를 나는 경험상 잘 알고 있었기에, 특히 그런 유의 표현으로부터 멀어져, 만일 감상이 필요하다면 그 감상 속에 치사량의 독을 넣으려고 유의했다. (내가 또 펜을 잘못 놀렸다. 앞에서도 말했듯이, 문학에는 치사량의 독 같은 것은 없다.)

나는 나에 대해서만 이야기했던 것이다. 그렇다 쳐도 소설이라는 장르는 고백하기에는 가장 불편한 장르이고, 이 '가짜의 기록'인 장르에는 고백의 신빙성을 보증할 만한 것은 무엇 하나 없다. 고백과 소설을 연결 지은 낭만파의 편견은 인종적 편견과 엇비슷한 불명예스럽고 어리석은 생각이며, 문학은 시, 희곡, 소설 순으로 고백에 부적합하다.

📖

정월…. 3층에서 바라보니 오늘 아침은 하늘도 맑고, 후지산의 하얀 정상도 또렷이 두드러지고, 바다 저 너머에는 평소 보이지 않던 섬마저 보인다. 그리고 눈 아래로 밀집한 집들에 일장기 깃발은 매우 적다.

대체 나는 어떤 날, 어떤 시대를 위해 태어났을까 생각한다. 내 운명은 내가 살아남아서 이윽고 늙어, 파란이 없는 나날 속에서 끊임없이 일할 것을 명령했다. 내 가슴속에는 여전히 치유되지 않은 낭만적 영혼, 하얗게 날개 치는 무엇이 가끔 느껴진다. 그와 동시에 끊임없이 씁쓸한 아이러니가 내 마음을 갉아먹고 있다.

이십몇 년 전에 학교 선배가 말했던 '문학을 하며 산다'라는 말은 지금 내게 점점 가슴속을 바람이 불고 지나가는 듯한 말로 다가온다. 과거의 작품은 이른바 모두 배설물이고, 자신이 과거에 한 일에 대해 희희낙락하며 떠드는 작가는 자신의 배설물을 주무르며 좋아하는 광인과 비슷하다. 그러나 어쨌든 문학을 하며 사는 것은 지성과 육체에 대한 양면 작전이었다. 문학 덕분에 나는 모든 학구적 지성을 경멸할 수 있었고, 육체의 덧없음을 조금이나마 위로할 수 있었다. 그 점에서만은 문학은 정신에 (엄밀히 나 한 사람만의 정신에 있어서) 도움이 되었다고 생각되고, 심지어 나는 남에게 즐거움을 주는 거리공연자들의 기술조차 얼마간 손에 넣을 수 있었다.

나는 내 작품에 유기적인 구조를 부여하기 위해 고심을 했는데, 그것은 조각가가 자신이 다루는 석재의 무기성을 잘 알고 있듯이, 내가 원래부터 언어가 유기체에 미치는 유해성을 잘 알고 있었기 때문이었다. 그러나 그것은 어느 엄밀한 처방에 따라 조제하면, 여러 종류의 미네랄처럼 인체의 영양분이 되기도 한다. 사회가 부풀어 오르는 환상에 의해 실제로 부풀어 오르고, 파괴된 환상에 의해 실제로 붕괴되는 모습을 몇 번인가 반복해서 보고, 나는 인간 역사의 환상의 엄밀성에 대해 얼마간 배운 것이 있었다. 환상의 엄밀성, 혹은 엄밀한 법칙에 따라 사용되는 환상, 사람들은 처음에 그것을 마술이라 부르고 주술이라 불렀다. 그러나 사람들은 거기서 형태의 의미를, 무수한 인위적 조건에 의거하는 방식의 유효성을 알게 되었다. 힘이 있는 사상은 그렇게 해서 태어나는 것이며, 수백만 명을 움직이는 사상은 불이 아니라 형태에 의해 움직인다. 왜냐하면 대다수 사람들은 사상의 내용에 여태까지 한 번도 주의를 기울이지 않았기 때문이다.

문학의 최대 어려움은 이 점이다. 그것은 언뜻 보기만 하는 사람에게는 아무것도 이야기하지 않고, 요약은 처음부터 불가능하기 때문이다. 문학은 사상과 마찬가지로, 환상으로서의 엄밀한 방식과 형태가 요구되지만, 결국 그 유효성도, 방식과 형식의 이익도, 제 것으로 만들 수가 없다. 나는 종종 그 이유가 무엇인지 생각했다. 작품 전체의 형식이 아름답고 단순해도, 그 형식의 단순함과 아름다움은 전부 읽은 뒤에야 알 수 있다. 따라서 아무리 간결한 형식도 번잡한 방식으로 변할 운명을 지니고 있다. 물론 어떤 작가의 작품이든, 바쁜 세상에서는 요약과 사회적 이미지로 이해되고 분류된다. 그러나 그것은 단연코 그의 형식으로 이해되고 있는 것이 아니다. 문학상의 형식은 문체이며, 따라서 작가의 문체는 고립되고 만다. 사상이 형식에 의해 보급되는 반면, 문학은 형식에 의해 보급을 방해받는다. 그래서 나약한 작가들은 사상에 추파를 던지기에 이른다.

그렇다면 문학의 본질은 요약 불가능성이라고 할 수 있을까. 이야기가 그 정도로 간단하다면, 작가는 자신의 소설에 가능한 한 요약 불가능한 요소를 더해가면 될 것이다. 그러나 여기서도 작가는 이 요약 불가능성의 근거를 '개성'에서 찾고, 결국 낭만적인 개성의 자동기술법의 희생이 되는 것이다. 우리는 그런 비극적인 사례를 많이 알고 있다. …

끝으로 모든 것이 이상해지면 찾아오는 것이 진정한 낙천주의다. 어떤 희망적인 관측과도 상관없는 낙천주의다. 나는 내가 숲속의 대장장이처럼, 계속 낙천적일 수 있기를 진심으로 바란다.

1966년 1월

발표 지면

작가에 뜻을 둔 사람을 위해 『형설시대螢雪時代』, 1950년 9월.

소설이란 무엇인가 『파도波』, 1968년 봄호-1970년 11, 12월호.

나의 소설 쓰기 『문장강좌 4』, 가와데쇼보, 1954년 9월.

나의 창작 방법 『문학』, 1963년 11월.

소설의 기교에 대해 『세계문학』, 1949년 3월.

매우 짧은 소설의 효용 『소설계小說界』, 1949년 12월.

법률과 문학 『도쿄대학 미도리회* 대회 프로그램』, 1961년 12월.

나의 소설 작법 『마이니치신문』(석간), 1964년 5월 10일.

법대 출신과 소설 『학사회 회보』, 1965년 2월 10일.

법률과 떡 굽기 『법학 세미나』, 1966년 4월.

나의 문학 『석간 신오사카新大阪』, 1948년 3월 15, 16일.

자기 개조의 시도 『문학계』, 1956년 8월.

'우리'로부터의 도주 『우리의 문학 5 미시마 유키오』, 고단샤, 1966년 3월.

---

*   東大綠会. 도쿄대학 법과대학 학생자치회.

작품 해설

혼돈을 질서화하는 기술

히라노 게이치로

　미시마 유키오는 동서고금의 모든 문학작품을 언급해서 독자가 그것을 '읽고 싶게' 만드는 명수였다. 그의 현학적 취미에는 그런 매혹적인 끌림이 있었다.

　보르헤스는 "세계 문학을 일종의 숲으로 생각합니다. 즉, 서로 뒤죽박죽되고 서로 뒤엉켜 있지만 성장하고 있는 것입니다"(『보르헤스와의 대화』)라고 아름답게 비유했는데, 독자로서 아직 불안정한 발걸음으로 그 숲을 헤맬 때, 미시마는 사랑스럽게 우는 새소리에 주의를 촉구하고, 나무줄기에 휘감긴 덩굴을 선명히 풀어서 보여주는 숙달된 안내인이었다. 한 권의 책은 결코 사막에 얌전히 놓여서 존재하는 것이 아니라, 유기적으로 관련된 것의 일부라는 것을 미시마만큼 생생히 알려주는 사람은 그리 많지 않다.

　다른 한편으로 그가 창작활동 초기부터 말년에 이르기까지 소설의 방법론적 사색을 계속 이야기하면서, 많은 독자에게 소설을 읽기만 할 게 아니라 쓰고 싶다는 충동까지 환기시켰던 것이다. 나 역시 그런 한 사람이었다.

"소설이란 무엇을 어떤 식으로 써도 좋은 것이다"라는 것은 모리 오가이가 『쓰이나追儺』*의 첫머리에 적은 말이다.

이 실로 관대한 정의에 이견이 있는 소설가는 별로 없겠지만, 그렇기에 '무엇을 어떤 식으로 쓸 것인가'를 둘러싸고 문학사적으로 방대한 논의와 실천이 거듭되었다. 그것은 결국, 무한한 가능성 앞에서, '무엇을 어떤 식으로 쓰지 않는가'를 결정하는 것이기도 하다.

오가이 자신이 언문일치 이전의 삼부작에서부터 말년의 역사 전기 소설에 이르기까지 소설이라는 형식의 다양한 가능성을 추구하는 한편으로, '몰이상** 논쟁'이나 자연주의에 대한 부정적 태도에서 알 수 있듯이, 어떤 의미로는 '써도 되지만' 쓰지 않았던 소설을 한 작품마다 확정하면서 최종적으로 일정한 제외된 영역을 형성했다.

미시마 자신의 소설관도 기본적으로는 같은 대전제에서 출발하고 있다.

---

* '쓰이나'는 입춘 전날 밤 볶은 콩을 집 안에 뿌려 악귀(질병 따위의 재액을 비유한 것)를 내쫓는 행사이다.
** 문학 창작에서, 이상(理想)이나 개인의 견해가 직접 드러나지 않고 현실이 그대로 묘사되어 있는 것.

소설은 이렇게 자유롭다. 감당할 수 없을 만큼 자유롭다. 어떤 천박한 말을 해도 되고, 속어를 써도 되고 외국어를 써도 된다. 방법도 방임되어 있다.

—「나의 소설 쓰기」

소설 자체가 어디까지나 정체불명의 장르이며, 그 옛날 페트로니우스의 『사티리콘』때부터 '온갖 것들을 모은 것'이었다.

—「소설이란 무엇인가」

이 책을 읽으면 명백하듯이, 미시마는 거기서 '정신주의적 논의'로는 가지 않고('그것은 너무나 익히 듣기도 했고, 고루한 소설 선생님들도 입버릇처럼 말하는 것도 소설가의 마음가짐의 문제'이다!), 철저히 구체적인 기술론을 구축하려고 계속 시도했다.

이런 태도를 위한 최초의 인식을, 우리는 아직 『가면의 고백』도 출간되지 않았던 시기에 쓴 「소설의 기교에 대해」에서 확인할 수 있다.

소설이라는 장르의 확대는 산문이 본질적으로 가진 '기술적 요건의 애매함'에서 발생했다. 단순한 의미에서의 예술성의 애매함이다.

그래서 "소설만큼 방법론을 고민해야 할 숙명을 짊어진 장르도 드문" 것이며, "소설 형식이 전통적으로 낭만주의적인 무형식과 개성 존중에서 벗어나지 못하는 이상", 그로서는 "나는 내 본질이 고전주의자라고 생각하는 건 아니지만, 방법론상으로는 분명한 고전주의자"일 수밖에 없는 것이다.

미시마는 무질서와 질서, 디오니소스적인 것과 아폴론적인 것, 낭만주의와 고전주의라는 이원론을 선호했는데, 창작이란 이른바 그 양자의 변증법이며, 시계열적時系列的으로는 전자에 시작해서 후자로 끝나는 과정을 거친다. 그것은 명석하게 의식화되었던 '주지적' 태도를 요구한다. 미시마는 그 점에서는 '기교'의 연구를 강조하고, 창작의 탈신비화를 집요하게 고집하는 철저한 경험주의자였다.

> 소설도 예술의 일종인 이상, 주제의 선택, 소재의 선택, 용어의 선택, 모든 것에 작가의 의지가 관련되고, 정신이 관계되고, 육체가 관련되어 있다. 우리는 그것을 예측 불가능한 신의 의지, 혹은 광기의 우발적인 의지에 맡길 수는 없는 것이다.
> ―「소설이란 무엇인가」

각각의 에세이는 모두 솔직하면서도 상세해서 독자는 일반적으로 퍼져 있는 '통념'과의 격차를 많이 발견할 것이다.

예를 들면 젊은 시절에 쓴 「소설의 기교에 대해」에서는

'몽상의 형태'로서, "작품의 내부에서는 주의 깊게 우연성이 배제되어, 어떠한 우연한 만남도 우연한 동작도 없고, 한 번도 주사위가 던져지지 않는 소설. 모든 것이 별자리처럼 움직이는 소설. 대차대조표 같은 완벽한 균형이 시종일관 넘쳐 나는 소설"이 이상화되어 있다. 이는 사람들이 미시마의 소설에 대해 품는 이미지와도 합치하고 있으며, 그가 모리 오가이론 중에서 『기러기』를 칭찬했던 것도 전적으로 이런 이유 때문이었다.

여기에 "소설은 마지막 한 줄이 정해지지 않으면 시작할 수 없다"는 미시마의 유명한 말이 겹쳐지면, 그는 틀림없이 도중의 우연 같은 건 일절 배제한 계획적인 집필 방식을 쓸 것이라고 상상되지만, 실제로 「나의 창작 방법」에서는 '구성'에 관해 다음과 같은 말을 하고 있다.

> 이것은 상당히 기계적인 작업인데, 처음부터 세부 구성까지 제대로 정해지는 일은 있을 수 없고, 심지어 소설 쓰기 과정에서는 세부가 그전까지 잠들어 있던 커다란 무언가를 깨워서 그 이후에 할 수 없이 구성을 변경해야 하는 일이 왕왕 일어난다. 따라서 처음에 구성을 세우는 것은 일종의 임시적 위안에 불과하다.

그리고 '마지막 한 줄'에 관해서도, "소설의 복안이 떠올랐을 때, 단편에서는 마지막 장면, 장편에서는 가장 중요한 장면의 이미지가 분명히 떠오를 때까지 기다리는 게 나에게는 중요하다. 그리고 그 이미지가 단순한 장면으로서가 아니라, 분명하고 강력한 의미를 띠기 시작해야 한다."(「나의 소설 쓰기」) "소년 시절에 라디게의 「도르젤 백작의 무도회」에서 클라이맥스를 극도로 강화하는 방법을 배운 내게는 평면적인 전개를 좋아하지 않는 버릇이 고집스럽게 남아 있다. (…) 나는 처음 구성을 짤 때부터 클라이맥스에 대해서만큼은 끊임없이 계산한다"(「나의 창작 방법」)라고 상당히 온건한 표현을 쓰고 있다. 지극히 정통적인 소설 쓰기라고도 할 수 있을 것이다. 물론 후루이 요시키치古井由吉처럼, 실제로 쓰기 시작하기까지는 자신의 펜이 어디로 향할지 전혀 예상이 되지 않는다는 부류의 소설가도 있기는 하지만.

또 아베 고보와의 대담 「20세기의 문학」에서, 미시마가 "나에게는 무의식이라는 것은 절대로 없다"라고 하자, 아베가 "말도 안 되는 소리"라고 응수한 일화는 시부사와 다쓰히코澁澤龍彦를 비롯해 많은 논객들이 미시마를 상징하는 말로 인용해왔다. 그런데 대담이 있기 삼 년 전에 쓴 「나의 창작 방법」에서는 '무의식'이라는 말이 직접 사용되지 않았으나, 당연한 듯 "결론부터 말하자면 나의 방법론적 노력은 최종적으로는 잠재의식의 활동을 가장 민첩하고 활발하게 하기 위한 것이다. 나의 잠재의식은 무한정, 무형식 상태에서는 아무래도 활발히 움직이지 않는다. 흐물흐물한 혼돈 속에서 오히려 잠재의식이 활발히 움직이는 작가도 있다. 나는 그런 부류의 작가는 아니다"라며 '잠재의식'에 관해 말했다. 그리고 "무엇인가로 묶고 방향과 목적을 분명히 정하고 그곳에 이르는 길을 정밀하게 정하고 나서야 마음이 자유로워진다"라고 이어가는 것은 지금까지 보아온 것과 같은 창작 태도이다.

나아가서 이러한 발상이 법대에서 배운 형사소송법과 관련이 있다는 「나의 소설 작법」이나 「법대 출신과 소설」 등은 이 책에서 즐거운 읽을거리일 것이다.

여기에 수록된 에세이는 모두 소설론으로서 재미있지만, 미시마라는 한 사람의 소설가에 대해 생각한다면, 역시 말년에 쓴 「소설이란 무엇인가」가 가장 읽는 맛이 있다.

20대 젊은 시절에 쓴 「소설의 기교에 대해」와는 달리, 독자라는 존재도 잘 알고, '감당할 수 없을 만큼 자유로운' '정체불명의 장르'인 소설에 대한 이해도 현격히 깊어지고, 고루해졌다기보다는 오히려 점점 유연해져서, "일반적으로 근대의 산물인 걸작 소설들은 대부분 '소설이란 무엇인가'에 대해 자타 모두에게 던지는 물음이었다 해도 과언이 아니다"라는 말대로, 스스로 창작을 통해 그 물음을 끝까지 고민한 한 소설가로서의 면목이 고스란히 드러난다. 이제 소설의 이상은 "모든 것이 별자리처럼 움직일" 뿐만 아니라, "소설은 생명체의 느낌이 나는 다소 섬뜩한 존재론적 측면을 소홀히 할 수가 없다. 아무리 고전적 균형을 유지한 작품이라도 소설인 이상, 털이 나 있거나, 체취를 풍길 필요가 있다"고 말한다.

발자크를 염두에 두면서, 그는 에노시마의 해양동물원에서 본 남방코끼리물범에서 실로 이상적인 소설의 모습을(!) 확인하는데, 바로 뒤에서는 정반대인 쥘리앙 그라크의 『음울한 미청년』에 감탄하고, 그 분석에 지면을 할애하고 있다. 미시마의 「소설이란 무엇인가」의 물음은 결코 여기서 끝나지 않고, 그 진폭에서 큰 가능성이 느껴진다.

그렇다 쳐도 미시마는 끝까지 많은 글을 읽었고 학구적이었다. 논의를 과도하게 추상화하지도 않고 차례차례 최근에 감명을 받은 소설을 소개해가는데, 그 목록은 이나가키 다루호의 「산모토 고로자에몬 이제 물러갑니다」, 구니에다 시로의 『신슈 홀치기성』, 바타유의 「마담 에드와르다」 「내 어머니」, 야나기타 구니오의 『도노 이야기』, 후카자와 시치로의 「나라야마 부시코」, 아서 클라크의 『유년기의 끝』, 요시다 도모코의 『무명장야』, 누마 쇼조의 『가축인 야프』… 이렇게 다양한데, 심지어 미시마가 좋아하는 것을 납득할 수 있지만, 그 스타일은 모두 미시마적이 아니다. 일찍이 「자기 개조의 시도」에서 거의 자랑스럽게 보여준 자유자재로 변화를 거듭한 모방의 기록들을 생각해보면, 역시 감개가 깊다. 그는 더 이상 그런 식으로 남의 문체를 '흉내' 내보려는 생각을 하지 않게 되었던 것 같지만 말이다.

미시마는 『새벽의 절』의 탈고를 다루며, "정말 정말 정말 불쾌했다"고 말한다. 이미 마지막의 '행동'은 염두에 있었겠지만, 그 심경 설명은 다소 신기한 형태를 취하고 있다.

> 쓰는 일은 비현실적인 영감에 계속 사로잡히는 게 아니라, 오히려 매 순간 자신의 자유의 근거를 확인하는 행위일 뿐이다. 그 자유란 흔히 말하는 작가의 자유가 아니다. 내가 두 종류의 현실 중 어느 하나를 언제 어떠한 시점에서든 결연히 선택할 수 있는 자유이다.

그리고 이렇게 이어간다.

> 즉 『새벽의 절』이 완성되면서, 그전까지 부유하던 두 현실은 확정되고, 하나의 작품 세계가 완결되어 닫히는 동시에, 그전까지의 작품 밖의 현실은 모두 이 순간에 종이 쪼가리가 된 것이다.

'감당할 수 없을 만큼 자유로운' 소설이라는 장르 속에서 무엇인가를 쓰고 무엇인가를 쓰지 않음으로써, 미시마는 '자유'를 행사한다. 그러나 결국 쓰지 않았던 소설을 확정하는 하나의 소설의 완성이란, 자유도 아니고 선택도 아닌, 어떤 불편함이라고 그는 말한다. 그것은 동시에 살려고 생각하면 언제든 살 수 있었을 현실을, 제외된 살지 않았던 현실로서 확정하는 것이기도 하다.

그리고 그 반대는 무엇일까? 행동의 '완성'이 창작이라는 또 다른 '현실'을 종이 쪼가리로 만들고, '파기'할 때도, 그것 역시 항거할 수 없는 '자동기술'인 것일까?

'미시마가 만일 살아 있었다면'이라는 가정은 사람들의 상상을 자극해왔다. 「소설이란 무엇인가」에는 정말 이렇다 할 이유가 없는 공연한 피로감이 있다. 그러나 『풍요의 바다』로는 끝내 완결할 수 없는 그의 소설가로서의 가능성이 아직 충분히 느껴지는 것 역시 사실이다.

히라노 게이치로(平野啓一郎, 1975-). 일본의 소설가. 교토대학 법학부 재학 중에 발표한 『일식』으로 120회 아쿠타가와상을 수상하며 일약 40만 부 베스트셀러 작가가 된다. 초기 3부작인 『일식』『달』『장송』에서 웅장하고 화려한 문체를 구사했고, 이후에는 명쾌한 문장으로 다채로운 스타일을 시도하며 많은 작품을 발표하고 있다.

옮긴이의 말

어떠한 우연한 만남도 우연한 동작도 없고, 한 번도 주사위가 던져지지 않는 소설. 모든 것이 별자리처럼 움직이는 소설. 대차대조표 같은 완벽한 균형이 시종일관 넘쳐나는 소설.
—「소설의 기교에 대해」

바라건대 한 마리의 불길한 검은 나비여, 이제부터 나의 작품 위로 끊임없이 그 정처 없는 비상의 그림자를 드리워주려무나.
—「나의 문학」

발자크는 매일 열여덟 시간씩 소설을 썼다. 사실 소설이라는 것은 그런 식으로 쓰는 것이다. 시처럼 멍하니 영감이 오기를 기다리는 게 아니다. 이 꾸준하고 끊임없는 노력을 할 수 있어야 하는 게 소설가로서의 첫째 조건이다.
—「작가에 뜻을 둔 사람을 위해」

미시마의 소설론이 함축된 문장이다.

『소설독본小說讀本』은 미시마가 생전에 소설에 관해 쓴 글들을 모은 책이다. 한 번에 쓴 글이 아니기에 시기별로 미시마의 소설관을 엿볼 수 있어 더 흥미로운 책이다. 보는 각도와 방향은 조금씩 달라도 그는 소설이라는 포괄적이고 신비로운 장르를 설명하며 방법론과 시대정신과 성실성을 강조했다.

미시마에게 인생과 예술을 어떻게 다룰 것인가는 매우 중요한 문제인 것 같다. 겨울 별자리가 뚜렷할 때에도 여름 별자리가 사라진 건 아니듯이, 모든 것은 제자리에 있고 완벽한 우주의 질서에 따라 움직이는 것이다. 그의 여러 작품에서 완벽함을 느꼈던 것은 아마도 완벽하게 구축된 세계의 일부를 재단해 꼼꼼하게 그려낸 때문이 아니었을까.

미시마는 작품에 시대정신이 드러나야 한다고 말한다. 그 시대의 환경에서 태어난 시대정신인 검은 나비가 춤추기를 소망했듯이 그의 소설에는 시대의 고민이 녹아 있다. 그에 대해 긍정하기도 부정하기도 하며 우리는 지금의 시대에 대해 고민하게 된다.

예술과 성실성은 가장 어울리지 않는 특질처럼 느껴진다. 그러나 천재라 불리던 미시마도 자신의 문체를 개발하기 위해 다양한 시도를 했다는 것을 밝히는 「자기 개조의 시도」만 보아도 스스로 알을 깨고 또 깨는 성실성과 성장지향성이 얼마나 중요한지를 알 수 있다. 천재는 남들보다 많이 시도하고 먼저 실패해본 사람이라는 말도 있듯이 그의 화려하면서도 간결한 문체에는 이런 노력이 있었던 것이다.

이렇게 소설에 대해 논하는 『소설독본』을 번역하며 번역자는 '마이라도舞良戶'에 주목했다. 「소설이란 무엇인가」에서 미시마는 '마이라도'라는 문의 이름을 다루는 작가의 태도를 분류하고 그런 작가를 수용하는 독자의 태도까지 다루고 있다. 작품에서 하나의 고유명사를 다루는 방식을 예로 들어 분석한 것만 보아도, 미시마가 문학 세계를 구축하는 데 디테일을 얼마나 고집스럽게 추구하는지 알 수 있다.

문학 번역에서는 전략의 하나로 '이국화'와 '자국화' 기법을 활용한다. '이국화'란 낯선 문화를 낯선 그대로 번역해 독자를 원저자에게로 데려가는 전략이고, '자국화'는 독자가 수용하기 쉽도록 조정해 원저자를 독자에게 데려가주는 전략이다.

미시마 유키오가 별자리처럼 그의 소설에 배치한 어휘와 표현들을 최대한 살리는 것이 미시마의 세계관을 더 잘 보여주는 방법이라 생각해 최대한 '이국화' 전략을 사용했다. 미시마가 살았던 시대와 그 시대의 관념에 맞는 표현들도 그대로 살렸다. 독자 여러분도 낯선 초대에 응해 새로운 세계로 들어가보는 경험을 해보시기 바란다. 미시마는 소설이란 무엇인지, 미디어가 넘쳐나는 현대에도 왜 소설이어야만 하는지 알려줄 것이다.

  2023년 초봄
  손정임, 강방화

편집 후기

책을 읽다 보면 단번에 꽂히는 문장을 맞닥뜨리게 된다. 그럴 때 그 문장에 밑줄을 긋는 사람이 있고 문장이 있는 페이지를 접어두거나 포스트잇을 붙이는 사람도 있다. 방법이 어떻든 그 문장을 오래 간직하기 위한 노력이라는 점은 같을 것이다. 내가 애용하는 방법은 특별하지 않은데, 문장을 여러 번 반복해서 읽는 것이다. 그러다 시간이 지나면 까먹는다. 설거지를 하다가, 비질을 하다가 문득 그때 본 문장이 생각난다. 그럼 다시 책을 펼쳐 문장이 있던 자리로 찾아간다. 좋은 문장은 시간이 지나 읽어도 좋으니까. 『소설독본』에서 내 마음을 사로잡은 단 한 문장을 꼽으라면 '게으름뱅이는 어디서든 성공하지 못한다'이다. 이 책을 독자들에게 꼭 소개하자고 마음먹게 한,『소설독본』의 시작이었다.

전작『문장독본』은 작가의 풍부한 독서 편력을 중심으로 펼쳐지는 미시마 유키오의 문장론이었다. 작가의 작업실에 초대되어 그가 좋아하는 작가와 문장에 대해 들을 수 있었던 독자들은 이번엔 이 호방한 작가가 글을 쓰는 책상 서랍까지 열어볼 수 있게 되었다. 자신이 쓴 소설의 문체 일람표까지 공개하며 손님 대접을 제대로 하니 선뜻 작업실로 들어오지 못하고 문밖을 기웃거리는 독자들까지 궁금증을 가질 수밖에 없을 지경이다. 미시마 유키오는 이 책에서 작정하고 자신의 문학과 소설에 대해 이야기한다.

미시마 유키오에게 작가란 '자기의 문학을 키우는 괴롭고 힘든 길'을 각오한 사람이다. 매일 열여덟 시간씩 소설을 쓰는 발자크처럼 꾸준히 책상에 앉아 글을 써왔던 그였기 때문에 게으름뱅이는 어디서든 안 된다고 말할 수 있었고, '유행에 편승하거나 다른 작가를 흉내 내고 돈을 벌기 위해 문학을 하려는 사람은 골칫거리'라고 단언할 수 있었다. 물론 모든 작가가 그처럼 책을 많이 읽어야 하는 건 아닐 테고 책을 많이 읽는다고 꼭 작가가 되는 것도 아니다. 앉은 자리에서 한 시간 만에 완성한 작품이 길이 남을 명작이 되기도 하고, 유행에 편승한 작품이 많은 독자의 사랑을 받기도 한다. 그러나 작가가 되는 건 다른 문제이다. 이 책은 '작가는 어떻게 되는가'에 대한 미시마 유키오의 비장한 대답이다.

편집자인 나는 '편집자란 무엇인가' 생각했다. 좋은 책을 만들고 싶은 건 모든 편집자나 마찬가지이다. 그러나 뜻대로 되지 않는 게 세상일이라 너절한 기획물이 판을 치고, 좋은 작품으로 칭송받는 일이 벌어진다. 그럼 생각하게 된다. 너절하지만 잘 팔리는 책을 만들면 되는 거 아닌가. 좋은 작품이라도 독자들이 찾아주지 않으면 무슨 소용일까. 무시로 흔들리고, 좌절하고, 냉소하다가도 흔들리지 않는 무엇이 필요했다. 그럼에도 끝까지 지켜야 할 것.

『문장독본』에 이어 『소설독본』을 작업하며 작가 미시마 유키오를 더욱 가까이 알게 되어 좋았고 그의 진심을 목격하게 되어 슬펐다. 그의 마지막 낙천주의에 도달했을 땐 벅차오르던 감정이 기어코 끝나버렸다. 그는 결국 자기 자신을 떠날 수밖에 없었겠구나 생각했다. 미시마의 두 번째 편집 후기를 쓰다 보니 그를 다시 저편으로 보내는 기분이다. 긴 시간이 지나 다시 그를 찾게 될 것 같다.

미행에서 만든 책들

1	소설	마르셀 프루스트	최미경	**쾌락과 나날**
2	시	조르주 바타유	권지현	**아르캉젤리크**
3	소설	유리 올레샤	김성일	**리옴빠**
4	시	월리스 스티븐스	정하연	**하모니엄**
5	소설	나카지마 아쓰시	박은정	**빛과 바람과 꿈**
6	시	요제프 어틸러	진경애	**너무 아프다**
7	시	플로르벨라 이스팡카	김지은	**누구의 것도 아닌 나**
8	소설	카트린 퀴세	권지현	**데이비드 호크니의 인생**
9	르포	스티그 다게르만	이유진	**독일의 가을**
10	동화	거트루드 스타인	신혜빈	**세상은 둥글다**
11	산문	미시마 유키오	강방화 · 손정임	**문장독본**
12	소설	마르셀 프루스트	최미경	**익명의 발신인**
13	시	E. E. 커밍스	송혜리	**내 심장이 항상 열려 있기를**
14	시	E. E. 커밍스	송혜리	**세상이 더 푸르러진다면**
15	산문	데라야마 슈지	손정임	**가출 예찬**
16	칼럼	에릭 사티	박윤신	**사티 에릭 사티**
17	산문	뤽 다르덴	조은미	**인간의 일에 대하여**
18	르포	존 스타인벡 · 로버트 카파	허승철	**러시아 저널**
19	소설	윌리엄 포크너	신혜빈	**나이츠 갬빗**
20	산문	미시마 유키오	손정임 · 강방화	**소설독본**
21	소설	조르주 로덴바흐	임민지	**죽음의 도시 브뤼주**

한국 문학

1	시	김성호	**로로**

미시마 유키오(三島由紀夫, 1925-1970)는 1925년 1월 14일 도쿄에서 태어났다. 도쿄대학 법학부를 졸업한 후 관료로 대장성(大藏省)에 들어가지만 구 개월 만에 그만두고 본격적으로 작가 생활을 시작했다. 미시마는 일본 최고의 소설가이자 극작가, 배우, 보디빌더, 수필가, 평론가, 정치활동가였다. 이차세계대전 이후의 일본 문학계를 대표하는 문인이자 노벨문학상 후보로 수차례 선정되는 등 일본을 넘어 해외에서도 널리 인정받았다. 작가의 실제 삶과 경험을 다루는 사소설이 주류였던 일본 근대문학 사조 속에서도, 문학작품은 시대를 표현하고 때로는 그것에 반기를 들며 새로운 역사적 비전을 제시해야 한다고 생각했던 그는 자신의 그런 사상을 작품으로 구현해냈다. 대표작으로는 『가면의 고백』(1949), 『금색』(1951-1953), 『파도 소리』(1954), 『금각사』(1956), 『우국』(1961), 『풍요의 바다』(1969-1971) 등이 있으며, 수사적이고 화려하며 시적 문체, 고전주의와 낭만주의가 공존하는 탐미적 작풍이 특징이다.

옮긴이 손정임은 이화여자대학교 통역번역대학원에서 석사 학위를 받고, 동 대학원 박사 과정을 수료했다. 옮긴 책으로 『신이 마련해 준 장소』, 『혼자서도 할 수 있어』, 『배웅불』, 『긴 봄날의 짧은 글』, 『영리』, 『문장독본』, 『가출 예찬』 등이 있고, 공저로 『일본어 번역 스킬』이 있다.

옮긴이 강방화는 재일 교포 3세이다. 이화여자대학교 통역번역대학원에서 석사 학위를 받고, 고려대학교 문예창작학과 박사 과정을 수료했다. 일본어로 옮긴 책으로 『7년의 밤』, 『홀』, 『참담한 빛』 등이 있고, 한국어로 옮긴 책으로 『도쿄 우에노 스테이션』, 『봄이 오면 가께』, 『문장독본』 등이 있으며, 공저로 『일본어 번역 스킬』이 있다.

소설독본

미시마 유키오
손정임·강방화 옮김

초판 1쇄 발행 2023년 4월 10일
초판 2쇄 발행 2024년 8월 20일

펴낸곳 미행 **출판등록** 제2020-000047호
전화 070-4045-7249 **메일** mihaenghouse@gmail.com
인쇄 제책 영신사

ISBN 979-11-92004-13-6 03800

SHOSETSU DOKUHON (selection of essays) by MISHIMA Yukio

Copyright © The heirs of MISHIMA Yukio, 1948-1970

All rights reserved.

Originally published in Japan by Chuokoron-shinsha, Inc.
Korean translation rights arranged with The heirs of MISHIMA Yukio, Japan through THE SAKAI AGENCY and KCC.

Korean Edition © Mihaeng House, 2023

이 책은 (주)한국저작권센터(KCC)를 통한 저작권자와의 독점계약으로 미행에서 출간되었습니다. 저작권법에 의해 한국 내에서 보호를 받는 저작물이므로 무단전재와 복제를 금합니다.